Um relato sobre a banalidade do amor

Um relato sobre a banalidade do amor
PEÇA EM CINCO ATOS

Mario Diament
TRADUÇÃO DE JAIME LEIBOVITCH

"Obra editada no âmbito do Programa "Sur" de Apoio às Traduções do Ministério das Relações Exteriores e Culto da República Argentina"

"Obra editada en el marco del Programa "Sur" de Apoyo a las Traducciones del Ministerio de Relaciones Exteriores y Culto de la República Argentina "

© Editora Moinhos, 2019.
© Mario Diament, 2019.

Edição: Camila Araujo & Nathan Matos

Assistente Editorial: Sérgio Ricardo

Revisão, Diagramação e Projeto Gráfico: LiteraturaBr Editorial

Capa: Sérgio Ricardo

Tradução: Jaime Leibovitch

Dados Internacionais de Catalogação na Publicação (CIP) de acordo com ISBD

D537u
Diament, Mario
    Um relato sobre a banalidade do amor / Mario Diament.
Belo Horizonte, MG : Moinhos, 2019.
92 p. ; 14cm x 21cm.
ISBN: 978-85-45557-73-9
1. Literatura Argentina. 2. Dramaturgia. 3. Política. I. Título.
    2019-93
                            CDD 868.9932
                            CDU 821.134.2(82)

Elaborado por Vagner Rodolfo da Silva - CRB-8/9410

Índice para catálogo sistemático:
1. Literatura Argentina 868.9932
2. Literatura Argentina 821.134.2(82)

Todos os direitos desta edição reservados à Editora Moinhos
editoramoinhos.com.br | contato@editoramoinhos.com.br

Nota do autor

Esta obra, ainda que inspirada na relação entre Martin Heidegger e Hannah Arendt, é, essencialmente, uma peça de ficção. Muitos dos episódios e referências estão baseados em fatos reais, mas outros são inventados, ou imaginados.

Para escrever esta obra, o autor realizou uma ampla investigação histórica e leu livros e ensaios sobre o tema, os quais estão listados ao final e com os quais se sente moralmente em dívida. Também fez uso de frases e expressões tomadas da correspondência entre Heidegger e Arendt, com a finalidade de dotar os personagens de uma certa autenticidade.

As opiniões expressas pelos Acadêmicos estão baseadas, geralmente, em citações reais, que estão mencionadas ao final.

Apesar de tudo, esta é uma obra de ficção e assim deve ser interpretada.

Elenco original

Um relato sobre a banalidade do amor estreou mundialmente no The Promethean Theatre em Davie, Florida, Estados Unidos, a 9 de janeiro de 2009, dirigida por Margaret M. Ledford, com o seguinte elenco:

Martin Heidegger	Colin McPhillamy
Hannah Arendt	Amy McKenna
Os Acadêmicos	Ken Clement
	Marc Duncan
	Margie Elias-Eisenberg
	George Schiavone
	Barbara Sloan

Personagens

Martin Heidegger

Hannah Arendt

Os Acadêmicos

> **Acadêmico 1**: Um homem de uns 40 anos. É um intelectual puro, meditativo, que expõe sem emotividade. Respeita Heidegger, mas não pode ignorar sua tolerância para com o nazismo.
>
> **Acadêmico 2**: Uma mulher de uns 55 anos. Tem uma posição com relação a Heidegger. Despreza-o, considera-o um nazista e não quer se enganar a respeito de quem era e o que representou.
>
> **Acadêmico 3**: Um homem de uns 65 anos. É um homem mais jovem, apaixonado, que admira Heidegger e não se escandaliza muito com seu passado nazista, mas não faz nenhum esforço para minimizá-lo.
>
> **Acadêmico 4**: Uma mulher de 35 anos. É uma historiadora que trata de analisar Heidegger e Arendt a partir de um ponto de vista psicológico.

Os Acadêmicos cumprem a função de um coro. Trata-se de testemunhos filmados que são projetados sobre uma tela. Suas reflexões são contribuições a um debate. Alguns são apaixonados, outros irônicos, etc.

Os testemunhos são projetados na tela.

Testemunhos 1

ACADÊMICO 1   Heidegger? Deixe-me dizer o seguinte: não houve outro filósofo igual no século vinte.

ACADÊMICO 3   Era um titã, um pensador totalmente original. A influência que exerceu foi extraordinária. O existencialismo, a hermenêutica, o pós-modernismo, a ecologia, o feminismo, a psicologia, a literatura. Todos eles têm uma dívida com Heidegger.

ACADÊMICO 2   Também foi um nazista...

ACADÊMICO 1   Coloquemos assim: se você está convencido, então Heidegger foi um pensador moderno excepcional, cujo profundo diagnóstico acerca da condição humana dominou grande parte da cultura e do pensamento, no século vinte.

ACADÊMICO 2   Mas se não está, então não foi mais que um deprimente charlatão, cuja influência foi desastrosa e cuja afinidade com os nazistas desafia o senso comum e a decência elementar.

ACADÊMICO 4   Hannah Arendt o conheceu quando foi estudar em Marburg. Ela era, então, uma jovenzinha que, com seus cabelos curtos e seu vestido da moda, atraía todos os olhares. Os estudantes a chamavam de "a verde", porque sempre andava com um vestido verde, muito elegante e, quando tomava a palavra no refeitório estudantil, as conversas silenciavam. Simplesmente, havia que escutá-la...

A projeção se apaga. Acendem-se as luzes de cena.

Primeiro encontro
Fevereiro de 1925
A Universidade de Marburg

Martin está trabalhando em seu gabinete, corrigindo alguns originais. Tem um ar entediado. Ouvem-se batidas na porta.

MARTIN   Sim?

    HANNAH aparece timidamente. Usa um chapéu que lhe cai sobre os olhos e uma capa de chuva bastante folgada.

HANNAH   Professor Heidegger?

MARTIN   *(Sem levantar a vista.)* Ahã.

    HANNAH entreabre a porta alguns milímetros mais.

HANNAH   Desculpe interromper. Sou Hannah Arendt...

MARTIN   Quem?

    Adentra, agora, detendo-se no vão da porta.

HANNAH   Hannah Arendt. Sua aluna na turma de história da filosofia...

MARTIN   *(observa-a com surpresa.)* Ah...

HANNAH   O senhor disse que queria me ver esta tarde, às duas.

MARTIN   Eu disse isso?

HANNAH   Ontem, na aula.

MARTIN   E?

HANNAH   São duas horas.

    MARTIN verifica a hora no relógio.

MARTIN   Estou vendo...

HANNAH   Posso entrar?

MARTIN   Sim, claro, adiante.

HANNAH entra timidamente e fecha a porta. Detém-se no meio da sala. MARTIN levanta a vista pela primeira vez. Observa-a.

MARTIN   O que há com você?

HANNAH   Como assim?

MARTIN   Está vestida de uma maneira muito estranha.

HANNAH   É que está chovendo.

MARTIN   *(Surpreso.)* Chovendo? Caramba, nem percebi! *(Levanta-se, olha pela janela.)* Está chovendo, mesmo. *(Volta a sentar-se.)* Bom, pode tirar a capa. E esse chapéu.

HANNAH tira a capa e o chapéu e os pendura num cabideiro. MARTIN a observa com interesse.

MARTIN   Não sei como esperava que a reconhecesse vestida assim... *(Distraído.)* Para quê eu queria vê-la?

HANNAH   Não sei. Não mencionou. Só disse que queria me ver às duas horas em seu gabinete. Imagino que tem a ver com meu ensaio sobre Platão.

MARTIN   Certo. Seu ensaio sobre Platão...

Busca entre os papéis de sua escrivaninha. Leva tempo para encontrá-lo.

HANNAH   Acho que não gostou nem um pouco.

MARTIN   O que a faz supor que não gostei?

HANNAH   Como pediu que eu viesse...

MARTIN   Você acha que só convoco os alunos quando alguma coisa me desgosta? Deve ter uma péssima opinião a meu respeito.

HANNAH   Não, não, de maneira nenhuma! Muito pelo contrário!

MARTIN encontra, finalmente, o ensaio. Dá uma olhada rápida.

MARTIN	*(Levanta o olhar.)* Por que continua de pé?
HANNAH	Como não me convidou para sentar...
MARTIN	*(Impaciente.)* Sente-se, sente-se...

HANNAH senta-se na ponta da cadeira que está de frente para a escrivaninha. MARTIN *olha-a com curiosidade.*

MARTIN	Sempre se senta assim?
HANNAH	Como?
MARTIN	Na ponta da cadeira.
HANNAH	Só quando estou muito nervosa.
MARTIN	Está nervosa?
HANNAH	Sim.
MARTIN	Por quê?
HANNAH	Deve ser porque sou muito tímida.
MARTIN	*(Lê suas anotações no trabalho dela.)* Não deve ser tão tímida se escreveu o que escreveu no seu ensaio sobre Platão, questionando algumas das minhas ideias fundamentais.
HANNAH	*(Sob pressão.)* As pessoas me intimidam; as ideias, não.
MARTIN	*(Deixa o ensaio sobre a pilha de papéis. Levanta-se.)* Confesso que havia feito uma ideia muito diferente de você... *(Sem transição.)* Quer um chá?
HANNAH	Não, obrigada.
MARTIN	Tem certeza?
HANNAH	Absoluta. Não quero incomodá-lo...
MARTIN	Não é incômodo. Esta é a hora em que, habitualmente, tomo meu chá.
HANNAH	Bem, neste caso...

Martin vai até a uma mesinha onde estão ingredientes para preparar o chá.

MARTIN   Com leite?

HANNAH   Apenas...

MARTIN   Açúcar?

HANNAH   Dois torrões

MARTIN serve duas xícaras de chá. Leva-as até a escrivaninha. Senta-se.

HANNAH   Muito obrigada.

MARTIN   É o mínimo que posso fazer, já que se deu ao trabalho de chegar até aqui com essa chuva.

HANNAH   *(Bebe seu chá ainda nervosa.)* Teria vindo sob qualquer circunstância.

MARTIN   Verdade? Por quê?

HANNAH   Porque o senhor me convocou.

MARTIN   Isto me agrada. *(Toma um gole de chá.)* Revela uma respeitosa submissão à autoridade.

HANNAH   Não foi a autoridade que me fez vir.

MARTIN   Não?

HANNAH   Em geral, costumo me rebelar contra a autoridade.

MARTIN   Interessante... O que foi, então?

HANNAH   A admiração.

MARTIN   *(Gratamente surpreendido.)* Você me admira?

HANNAH   Imensamente.

MARTIN   Senhorita Arendt, devo admitir que conseguiu me perturbar.

HANNAH   Quem está perturbada sou eu, pelo que acabo de confessar.

MARTIN   E por que me admira?

HANNAH	Porque não há outra inteligência como a sua em toda a Alemanha.
MARTIN	Acha isso?
HANNAH	Absolutamente. Não é só a minha opinião.
MARTIN	Não?
HANNAH	É a de todos os que assistem às suas aulas.
MARTIN	*(Cético.)* Tem certeza?
HANNAH	O senhor não pode ignorar o efeito que produz na audiência... Sabe como o chamamos?
MARTIN	Não. Como me chamam?
HANNA	O mago de Marburg.
MARTIN	O mago de Marburg? Isso lembra um número de *Vaudeville*.
HANNAH	O senhor reinventou o ato de pensar. Havíamos aprendido que pensar era relacionar, mas com o senhor aprendemos que pensar significa revelar e fazer com que algo se revele.
MARTIN	Não sei por que, desconfio que diz isto para me agradar.
HANNAH	Por que eu ia querer agradá-lo?
MARTIN	Porque está preocupada com o destino de seu ensaio sobre Platão.
HANNAH	Isto não é verdade. Escrevi estritamente o que pensava. O que venha a suceder daí pra frente é irrelevante.
MARTIN	Mas está dizendo que a minha opinião não lhe importa?
HANNAH	*(Interrompendo.)* Não quis dizer isso. De fato, sua opinião me importa mais que tudo no mundo.
MARTIN	Então, como ficamos?

HANNA	Eu ficaria muito infeliz se não gostasse do meu ensaio... mas não poderia tê-lo escrito de outra maneira. A menos que...
MARTIN	A menos que...?
HANNAH	Me demonstrasse que estou equivocada.
MARTIN	Bom, isso me parece um princípio aceitável. Enfatiza suas convicções pessoais, mas deixa aberta uma porta para revisá-las. *(Devolve-lhe o trabalho.)* Aqui está seu ensaio. É excelente. Fiz alguns comentários para que reflita sobre eles.

HANNAH pega o trabalho. Lê alguns dos comentários. MARTIN bebe seu chá.

HANNAH	Que ideia havia feito de mim?
MARTIN	A propósito de quê vem essa pergunta?
HANNAH	Disse que havia feito uma ideia muito diferente de mim...
MARTIN	É verdade.
HANNAH	Bom, e que ideia era?
MARTIN	Para quê quer saber?
HANNAH	Curiosidade... Insegurança...
MARTIN	Digamos que, em geral, percebo que as moças judias são... espero que não se ofenda pelo que vou lhe dizer... inteligentes, sim, mas também bastante agressivas e arrogantes.
HANNAH	E descobriu que eu não sou assim?
MARTIN	*(Surpreendido.)* Bom, sim, de alguma maneira...
HANNAH	Não lhe pareço nem agressiva, nem arrogante...
MARTIN	Até este momento...
HANNAH	Nem tampouco inteligente...

MARTIN	Não diga bobagem! É claro que a considero inteligente! Não fosse assim, eu nem estaria aqui falando com você. Não imagina a quantidade de trabalho que tenho pela frente e, no entanto, veja bem... me dou um tempo para desfrutar de nossa pequena conversa.

Pausa. HANNAH se agita na cadeira.

MARTIN	O que foi, agora?
HANNAH	Perdoe, mas preciso me levantar.
MARTIN	Quer ir embora?
HANNAH	Não. É que não posso ficar sentada muito tempo. Caí de um cavalo na semana passada...
MARTIN	*(Assombrado.)* Gosta de equitação?
HANNAH	Pelo menos gostava até que aquela besta me derrubou... Além do mais, penso melhor quando estou em movimento.
MARTIN	Bom, mas não se mova muito. Não quero sair perseguindo você pelo gabinete.

HANNAH se levanta. Deixa seu ensaio sobre a escrivaninha. Detém-se diante de uma reprodução de "A Nave dos Loucos", de Hieronymus Bosch.

HANNAH	O senhor pensava isso, quando me chamou...
MARTIN	O que significa "isso"?
HANNAH	Que eu era como essas moças judias que descreveu.
MARTIN	Provavelmente.
HANNAH	Por que me chamou, então?
MARTIN	Seu ensaio despertou meu interesse. Desejava saber que pessoa se ocultava detrás dessas ideias. Como já deve ter notado, a originalidade não é o forte em nossas aulas.

HANNAH *(Surpreendida.)* Meu ensaio lhe pareceu original, então?

MARTIN Pareceu-me que tinha elementos originais, sim.

HANNAH Está falando sério?

MARTIN Naturalmente.

HANNAH *(Impetuosamente, o abraça.)* Professor Heidegger! Não sabe como fico feliz! *(Repara no que fez. Se afasta.)* Desculpe... Não me dei conta do que fazia... Por favor, não se zangue... É que não sabe como trabalhei duro nesse ensaio! *(Pausa.)* Tenho que confessar que o escrevi para o senhor...

MARTIN Para mim?

HANNAH Tinha a esperança... de que reconhecesse... alguma coisa... não sei... uma ponta de talento. Admito que tinha consciência de que meu ensaio questionava algumas de suas conclusões, como a ideia de que Platão só pode ser lido através de Aristóteles, e de que isto representava um grande atrevimento de minha parte, mas minha intenção não era me opor às suas conclusões, mas demonstrar que, através do uso do diálogo, Platão abordava alguns dos problemas fundamentais da filosofia de uma maneira mais humana, mais em harmonia com a vida mesma.

MARTIN Não precisa se defender. Seus comentários não me incomodaram, nem tampouco o seu rompante. Muito pelo contrário. Estimularam a minha curiosidade... e meu desejo de ser seu orientador... A investigação acadêmica, como certamente vai descobrir, é uma tarefa muito solitária. Por isso, quando aparece alguém capaz de abrir uma fresta nesse confinamento, isso é motivo de grande felicidade.

HANNAH Agora é o senhor quem quer me agradar.

MARTIN *(Admirado.)* Como você é jovem!

HANNAH Teria que lamentá-lo?

MARTIN	Não, claro que não. Simplesmente estava expressando minha admiração, meu assombro. A juventude, afinal de contas, é um enigma. Quando tinha a sua idade, eu não imaginava que a minha vida tomaria o rumo que finalmente tomou.
HANNAH	Não creio que tenha nada de que se arrepender.
MARTIN	Quem sabe! Minhas ambições de então eram mais simples... e por isso, mais felizes. Tudo indicava que ia me dedicar ao sacerdócio, me consagrar a Deus e me esquecer dos transtornos terrenos.
HANNAH	E por que não fez isso?
MARTIN	Por que não fiz isso. Essa é a grande questão, não é verdade? Quanta gente se pergunta a mesma coisa ao longo da vida. Suponho que a resposta mais simples é que não tinha a vocação. Como não queria admiti-lo, meu corpo se encarregou de fazer isso por mim. No segundo ano do seminário teológico, meu estado físico sofreu uma repentina deterioração e os médicos me obrigaram a mudar de carreira. De modo que em lugar de aceitar a confortável certeza do dogma, me internei no infinito labirinto da investigação filosófica

Pausa.

HANNAH	Posso lhe fazer uma pergunta?
MARTIN	Para uma pessoa tímida, você pergunta bastante.
HANNAH	Por que tem essa reprodução de Hieronymus Bosch?

MARTIN se põe de pé. Aproxima-se de HANNAH e do quadro.

MARTIN	Porque me lembra a dimensão da estupidez humana e me adverte sobre as suas consequências. Esta nave que se desloca através do tempo, sem propósito nem destino e onde cada um dos viajantes é um louco, para mim é uma síntese da aventura universal. *(Pausa.)* Não gosta?

HANNAH	É muito angustiante.
MARTIN	A angústia vem de saber que a nave jamais chegará ao porto. É a angústia existencial. A comprovação de que todo esforço é fútil, de que a viagem não tem propósito. Essa foi justamente a intenção de Bosch ao pintá-lo. Mas o mundo que hoje habitamos não é muito diferente. O homem, na cultura ocidental, esqueceu os fundamentos da vida humana. A gente vive, hoje em dia, uma vida trivial, despojada de todo objetivo, como se tivéssemos sido lançados na história sem motivo algum. *(Pausa. MARTIN senta-se na borda da escrivaninha.)* E, no entanto, devo admitir que hoje, inesperadamente, algo aconteceu.
HANNAH	O quê?
MARTIN	Você conseguiu mudar esse curso.
HANNA	*(Surpreendida.)* Eu?
MARTIN	Sim, você... Resgatou este dia do caos e o encheu de sentido. Parece pouco, pra você?
HANNAH	Não entendo. Como fiz isso?
MARTIN	*(Entusiasmado.)* Pelo simples fato de ter chegado aqui, nessa tarde chuvosa, com essa capa de chuva enorme e esse chapéu ridículo. Sua aparição foi luminosa, posso assegurar. Antes de você entrar por essa porta, o mundo me parecia um lugar cheio de aborrecimento e frivolidade, mas agora, em compensação, me surge como um espaço encantado, pleno de mistério e de promessas.
HANNAH	*(Pasma.)* Professor Heidegger... nunca imaginei que o senhor fosse capaz de se expressar desta forma.
MARTIN	Por acaso me tomava por uma pessoa carente de emoções?
HANNAH	Bem, não exatamente...
MARTIN	E então?

HANNAH	Simplesmente, estou muito surpresa.
MARTIN	Pois eu, creia, estou tão surpreso quanto você. *(Cauteloso.)* Afinal, você é minha aluna e eu sou seu professor... e isto nos impõe limites muito estritos, não é?
HANNAH	Imagino que sim...
MARTIN	Mas é preciso reconhecer que alguma força misteriosa a trouxe até aqui...
HANNAH	O seu chamado...
MARTIN	O meu chamado, claro. O ensaio sobre Platão... Você não cita Agatão no *Simpósio*, quando diz a Sócrates: "Estou certo de que não terias vindo se já não tivesses encontrado o que buscavas"?
HANNAH	De fato...
MARTIN	E encontrou?
HANNAH	Creio que sim...
MARTIN	Venha, chegue aqui... *(HANNAH se aproxima.)* Conte pra mim, quem é Hannah Arendt.
HANNAH	É uma pessoa muito confusa.
MARTIN	Verdade? Não dá essa impressão. E o que a deixa confusa?
HANNAH	Minha própria existência. A interseção entre a minha razão e o meu coração. Minha alienação...
MARTIN	Sente-se alienada?
HANNAH	Vivo cada dia com uma crescente sensação de catástrofe. Os tempos que correm são muito incertos. Esta primavera da República de Weimar me enche de inquietação. Outro dia escutei a fala delirante de um desses agitadores nacional-socialistas, culpando os judeus e os comunistas por todos os males. Seu discurso não podia ser mais incoerente, mas as pessoas que o escutavam pareciam eletrizadas.

MARTIN	Eu não lhe daria tanta importância. Os períodos de turbulência sempre empurram a pior sujeira para a superfície. Mas pense que talvez o que toda esta efervescência indica é que estamos no alvorecer de uma grande mudança...
HANNAH	Que espécie de mudança?
MARTIN	Uma renovação profunda e significativa, que permitiria à Alemanha recobrar a sua dignidade. Esse povo não merece o que lhe aconteceu.
HANNAH	Quem dera eu pudesse compartilhar do seu otimismo. Mas não posso. Receio que esta sociedade esteja tão cega que seja capaz de se alinhar atrás de qualquer delírio.
MARTIN	Não se engane, basta uma faísca para acender o espírito vulcânico alemão.
HANNAH	É justamente esse espírito vulcânico o que mais me aterroriza.
MARTIN	*(Conciliador.)* Podemos discutir isso à exaustão e, de fato, prometo que o faremos. Mas, desculpe-me, hoje não desejo me ocupar dessas coisas. Prefiro me dedicar a saber mais de você.
HANNAH	Como saber o que eu mesma não sei?
MARTIN	Ora, investigando... Comecemos pelas suas mãos...
HANNAH	Minhas mãos?

MARTIN pega a sua mão. Estuda-a, acaricia-a.

MARTIN	Sempre achei que as mãos de uma mulher são uma janela para o seu caráter.
HANNAH	Nunca gostei das minhas mãos.
MARTIN	E, no entanto, elas têm uma qualidade muito especial. Os dedos são finos e vigorosos, como se estivessem permanentemente ativos, mas a pele é suave e

	delicada. Suas mãos irão mudando, na medida em que a mulher for substituindo a menina.
HANNAH	*(Retira suavemente a mão.)* Não sou nenhuma menina.
MARTIN	Eu sei. Vejo em você uma grande feminilidade que luta para se manifestar. Sua figura tem, ainda, um encanto adolescente, mas seus olhos têm uma visada de mulher...
HANNAH	Talvez por isso esteja tão confusa... Sinto que há forças, dentro de mim, que me puxam em direções diferentes, como esses cavalos que eram usados pra desmembrar os condenados, e não sei a qual dessas forças atender.
MARTIN	Bom, se lhe serve de consolo, creia que você não é a única que está confusa, neste momento. Eu também estou.
HANNAH	O senhor confuso? Não posso acreditar.
MARTIN	Sou um homem, Hannah, não uma ideia.
HANNAH	E o que é que o deixa confuso?
MARTIN	Meu torvelinho interior. Não entendo esta fraqueza súbita das minhas pernas, nem as batidas violentas do meu coração. Não entendo esta vertigem que me induz a sua proximidade, nem o desejo de me perder em outro espaço e em outro tempo. *(Cauteloso.)* Por acaso você compreende o que está me acontecendo?
HANNAH	*(Titubeia.)* Creio que sim...
MARTIN	Mas como você pode imaginar, isto não é nada fácil pra mim. Sou seu orientador, minha pequena Hannah. Quase o dobro da sua idade. Tenho mulher e dois filhos e uma vida respeitável.
HANNAH	Eu sei...
MARTIN	Mas, nesse momento, não desejo nada disso...
HANNAH	Não? E o que deseja, então?

MARTIN	Desejo... não me atrevo a dizer...
HANNAH	Por quê?
MARTIN	Tenho medo de assustá-la.
HANNAH	Prove-me.
MARTIN	Desejo beijá-la, perder-me em seus lábios... Aí está, pronto, falei...

Um tanto desajeitadamente, abraça-a e beija-a. HANNAH, desconcertada a princípio, beija-o por sua vez.

MARTIN	Hannah, Hannah, você me devolveu o coração... Mas não tenha medo, não há nada impuro nem repreensível no que fizemos. Nos deixamos levar por uma força mais transcendente que a moral social e devemos respeitá-la como uma dádiva divina.
HANNAH	Eu não estou com medo de nada, nem estou envergonhada.
MARTIN	Verdade? Que coragem você tem, menina! Muito mais que eu... Você se dá conta? Nós cruzamos o Rubicão... Alguma vez já esteve apaixonada?
HANNAH	Nunca... até agora.
MARTIN	Devo confessar que eu tampouco conheci a verdadeira paixão. Agora eu sei. Deixe-me beijá-la uma vez mais. Não quero que este sabor vá embora dos meus lábios. *(Beija-a.)* Olhe o que você fez comigo, minha menina. Enquanto você parece ter amadurecido de repente, eu virei um garoto, um adolescente... *(Repentinamente apreensivo.)* Mas devemos ser muito cuidadosos, sabe?
HANNAH	Sim...
MARTIN	Não podemos permitir que ninguém suspeite desta relação. Será nosso segredo e nosso pacto. Se alguém se inteirasse disso, seria o fim da minha carreira, compreende? Eu de nada te serviria como um ho-

	mem humilhado, despojado de sua dignidade e de sua posição. Promete que será muito cautelosa...
HANNAH	Prometo.
MARTIN	Você me entende, de verdade? Entende minhas precauções. O ambiente acadêmico é um terreno cheio de hipocrisia e falsidade, Hannah. Bastaria que uma única pessoa soubesse disso para que, imediatamente, o rumor estivesse na boca de todo mundo.
HANNAH	Ninguém vai saber disso por mim.
MARTIN	*(Aliviado, a abraça.)* Como você é maravilhosa, minha menina. Parece tão frágil e, no entanto, quanta fortaleza há dentro de ti... Inventaremos uma linguagem de sinais e palavras que só será compreensível para nós dois. Ninguém mais poderá descobrir. Os outros verão somente o professor e a aluna, mas só você e eu entenderemos o seu significado, não é verdade?... *(Consulta o relógio.)* Mas como o tempo voou! Tenho um compromisso com o reitor em cinco minutos... Temos que voltar a nos ver o mais cedo possível, Hannah... Não sei quanto tempo serei capaz de controlar a minha ansiedade... Tenho uma cabana em Todnauberg, perto de Freiburg. É uma cabana de madeira onde me refugio para escrever e pensar. Um lugar solitário, no meio de um bosque. Esse pode ser o nosso lugar de encontro, nossa guarida, nosso planeta. Ali podemos nos ver sem medo e nos sentir completamente livres... Você virá?
HANNAH	Sim.
MARTIN	Você não sabe que felicidade me dá! Vou te escrever com as instruções para que possa chegar até lá. Talvez neste mesmo fim de semana. Não posso esperar a hora. Olha o que você fez de mim! Estou tremendo como um principiante...
HANNAH	Eu também estou tremendo.

MARTIN volta a beijá-la. Logo a empurra suavemente em direção à porta.

MARTIN Então, vá agora. Você tem que ir, antes que me seja impossível deixá-la... *(Olha pela janela.)* Parou de chover. Está vendo como o tempo se pôs em harmonia?

MARTIN a ajuda a vestir a capa de chuva. Dá-lhe o chapéu e a conduz até a porta. HANNAH se volta para ele.

HANNAH Adeus, professor Heidegger.

MARTIN Adeus, minha pequena Hanna. Até muito em breve... Você entrou na minha vida.

Repentinamente, HANNAH lembra que deixou seu ensaio sobre a escrivaninha.

HANNA *(Desculpando-se.)* Ia me esquecendo do ensaio...

Apagam-se as luzes da cena. Os TESTEMUNHOS são projetados sobre a tela.

Testemunhos 2

ACADÊMICO 1   Obviamente, Heidegger tinha a preocupação de que o *affaire* com sua aluna não vazasse. Por maior que fosse a sua paixão, ele pensava, antes de tudo, em sua carreira e em sua família. Tanto que sempre foi muito cauteloso em seus encontros com Hannah, que se pareciam mais com uma operação clandestina do que com um encontro amoroso. Por exemplo, ela era proibida de tomar o bonde seguinte ao dele... Tinha que deixar passar pelo menos um bonde... Nisto ele era muito obsessivo.

ACADÊMICO 2   Para Heidegger, casado com uma mulher rústica e limitada, a paixão de uma mulher jovem e inteligente como Hannah Arendt servia às mil maravilhas à sua vaidade. Ela, por seu lado, nunca alimentou fantasias a respeito de uma relação mais permanente com ele. Bastava-lhe desfrutar o secreto privilégio de ser sua amante e sua confidente.

ACADÊMICO 4   Há que reconhecer que a relação com Arendt foi muito inspiradora para Heidegger. De alguma maneira isto deve ter liberado nele grandes poderes de concentração e criação. Não é casual que a escrita de "Ser e Tempo", sua obra mais importante, tivesse coincidido com esse período de grande efervescência erótica...

ACADÊMICO 3   A paixão é sempre muito... estimulante.

A Projeção se apaga. Acendem-se as luzes da cena.

Segundo encontro
Janeiro de 1926
Um hotel nas cercanias de Marburg

HANNAH e MARTIN na cama, depois de fazerem amor.

HANNAH	Acho que você me perverteu.
MARTIN	Eu?
HANNAH	Sim, você, quem mais seria?
MARTIN	De que maneira eu a perverti?
HANNAH	Me tornou viciada.
MARTIN	Viciada em quê?
HANNAH	*(Brincalhona.)* Prefiro não dizer.
MARTIN	Como sabe, então, que eu a perverti?
HANNAH	*(Sugestiva.)* Você pode imaginar.
MARTIN	*(Sorri.)* E está arrependida?
HANNAH	Não!
MARTIN	Então?
HANNAH	É precisamente nisso que radica a perversão. Você me tornou totalmente dependente dos meus sentidos... Não faço outra coisa senão pensar em satisfazer os meus impulsos... Vivo como se fosse um instrumento impaciente à espera de que o maestro o tome em suas mãos... E vibro como uma corda, cada vez que você me toca. Nunca imaginei que alguma coisa assim pudesse me acontecer...
MARTIN	Por que não?
HANNA	*(Beijando-o.)* Talvez porque não o tinha conhecido.
MARTIN	Você também mudou a minha vida.
HANNA	Vamos ver, diga-me, de que maneira?

MARTIN Ensinou-me a amar.

HANNAH E como foi que eu fiz isso?

MARTIN Permitindo que eu me abrisse a experiências e sensações que nunca havia conhecido antes.

HANNAH Descreva.

MARTIN Eu não poderia.

HANNAH Por quê?

MARTIN Porque tenho vergonha.

HANNAH levanta-se, nua. Vai em direção ao banheiro.

HANNAH Eu não sinto nenhuma vergonha com você.

MARTIN *(Admirando-a.)* Porque você é muito jovem e muito linda.

HANNAH reaparece na moldura da porta, envolta numa toalha.

HANNAH Diga pra mim, o que é que você mais gosta em mim?

MARTIN Eu gosto de tudo.

HANNAH No meu corpo. Diga, o que é que você mais gosta no meu corpo?

MARTIN *(Inibido.)* Não seja despudorada.

HANNAH Eu não sou despudorada! Eu estou me sentindo livre. Você não se sente assim?

MARTIN Não a esse ponto.

HANNAH senta-se à beira da cama.

HANNAH Conte pra mim! Quando foi que você me descobriu?

MARTIN Na aula.

HANNAH Mas em que momento?

MARTIN Não sei. Provavelmente dois meses antes do nosso primeiro encontro.

HANNAH	E por que eu?
MARTIN	Porque seus olhos brilhavam, desde as fileiras do auditório.
HANNAH	E o que foi que você fez?
MARTIN	Nada. Esperei a aula seguinte para voltar a vê-la.
HANNAH	E quando foi que você me desejou pela primeira vez?
MARTIN	A que propósito vem esse interrogatório?
HANNAH	Responda.
MARTIN	Pra que é que você quer saber?
HANNAH	Pra me sentir mais segura.
MARTIN	No dia em que você apareceu no meu gabinete, com aquela capa de chuva enorme e aquele chapéu ridículo.
HANNAH	Mas você não fez amor comigo naquele momento.
MARTIN	Eu te beijei...
HANNAH	Mas não fez amor comigo.
MARTIN	Por acaso você esperava que eu saltasse em cima de você como um selvagem?
HANNAH	E o que é que tinha, se você tivesse feito isso?
MARTIN	*(Escandalizado.)* Em meu gabinete?
HANNAH	Por que não?
MARTIN	Você é completamente amoral!
HANNAH	Aprendi a ser assim com você.
MARTIN	Não acho que eu tenha lhe ensinado nada disso.
HANNAH	Não me ensinou, mas eu aprendi do mesmo jeito.
MARTIN	E o que foi exatamente que você aprendeu?
HANNAH	Que o amor é permissivo.
MARTIN	Essa é a pequena judia que há em você.

HANNAH	*(Surpreendida.)* O que é que os judeus têm a ver com tudo isso?
MARTIN	A cultura judaica sempre foi, tradicionalmente, mais permissiva.
HANNAH	Você diz isso como uma reprovação.
MARTIN	É uma observação.
HANNAH	*(Chateada.)* Está insinuando que me preferia toda recatada como a sua Elfrid?
MARTIN	Não fique zangada. Não estou falando de preferências.
HANNAH	O que você está me dizendo é que a sua Elfrid nunca passearia nua diante dos seus olhos porque é uma virtuosa mulher alemã.
MARTIN	Não insista. Deixe-a em paz.
HANNAH	Eu quero saber o que você pensa.
MARTIN	Eu penso como Santo Agostinho. *"Volo ut sis"*. "Quero que sejas o que és".

MARTIN se levanta. Começa a se vestir em silêncio.

HANNAH	Você já vai?
MARTIN	Você sabe que tenho que ir. Tenho uma aula às seis.
HANNAH	*(Conciliadora.)* Não era minha intenção provocar um mal-estar.
MARTIN	Você não tem que se desculpar. Em todo caso, sou quem deve pedir desculpas.
HANNAH	Por quê? Como assim?

Pausa. MARTIN termina de se vestir.
HANNAH começa a se vestir, por sua vez.

MARTIN	O fato é que nesses dias a minha cabeça não se encontra, necessariamente, onde o meu corpo está.

HANNAH	Você já sabe que estou terminando o meu livro. Trata-se de um trabalho que exige de mim uma enorme concentração que, como é de se esperar, geralmente se consegue às custas das nossas relações humanas.
	Me alegro que você me considere uma "relação humana".
MARTIN	Eu digo de uma maneira geral.
HANNAH	Sei, eu entendo...

Silêncio de MARTIN, que termina de ajustar a gravata na frente do espelho.

HANNAH	Eu vou-me embora de Marburg... *(Pausa.)* Ouviu o que eu disse?
MARTIN	Não, perdão, o que foi que você disse?
HANNAH	Que eu vou-me embora de Marburg.
MARTIN	Verdade? Quando?
HANNAH	Quando terminar o semestre.
MARTIN	Por que é que você vai?
HANNAH	Decidi fazer meu doutorado com Jaspers, em Heidelberg. *(Pausa.)* O que é que você acha disso?
MARTIN	Não é uma má ideia.
HANNAH	Não lhe parece uma má ideia?
MARTIN	Não, de jeito nenhum. E digo mais, acho que é uma excelente ideia. Vou escrever para Jaspers lhe recomendando.
HANNAH	*(Perplexa.)* Assim e pronto?
MARTIN	O que significa "assim e pronto"?
HANNAH	Eu o comunico de que vou me embora e você me oferece uma carta de recomendação?
MARTIN	*(Desconcertado.)* Que outra coisa eu poderia lhe oferecer?
HANNAH	Poderia tratar de me dissuadir.

MARTIN	Por que é que eu haveria de fazer uma coisa dessas?
HANNAH	Por que sente muito?... Por que me ama?...
MARTIN	É claro que sinto muito e que te amo! Mas isso não significa que eu tenha o direito de prejudicar a sua carreira.
HANNAH	Não vejo por que ficar em Marburg haveria de prejudicar a minha carreira.
MARTIN	Mas por acaso não foi você quem decidiu ir fazer o doutorado com Jaspers? Eu admiro isso. Acho que é uma prova de caráter.
HANNAH	Uma prova de caráter?
MARTIN	Sim. É claro que, pessoalmente, me entristece que você vá. Mas seria um cruel ato de egoísmo se eu tentasse convencê-la a deixar de fazer alguma coisa que, eu acredito, é em seu próprio benefício. Os jovens que não têm coragem de seguir adiante quando devem fazê-lo, acabam limitando seu crescimento intelectual. *(Pausa.)* Eu mesmo vou ter que considerar a possibilidade de ir embora, num prazo não muito longo.
HANNAH	*(Alarmada.)* Ir embora pra onde?
MARTIN	Provavelmente para Freiburg. Husserl está pensando em se retirar e me falou que gostaria que fosse eu quem o substituísse.
HANNAH	Martin, isso seria maravilhoso!
MARTIN	Sim, sem dúvida.
HANNAH	Seria um salto gigantesco na sua carreira!
MARTIN	Também penso assim. Até lá terei terminado o meu livro, o que vai reforçar as possibilidades de que a universidade aceite a minha candidatura.

Pausa.

HANNAH	*(Subitamente sombria.)* De modo que isso é o fim...
MARTIN	Não, de maneira nenhuma. Por que diz isso?
HANNAH	Você vai para Freiburg e eu para Heidelberg.
MARTIN	Isso não significa que não possamos seguir nos vendo.
HANNAH	Não trate de me consolar, Martin. Sou mais estoica do que você pensa.
MARTIN	Não duvido, meu amor. Mas isto não diz respeito somente a você. Também diz respeito a mim.
HANNAH	Martin, meu querido, eu não me preocuparia por você. Acho que você sempre teve muito claras as suas prioridades. E sabe, também, que nesta relação fui eu quem carregou o maior peso sentimental. Mas isso não me assustou antes, nem me assusta agora.
MARTIN	Tenho certeza de que não vão nos faltar oportunidades de nos vermos... E, de certo modo, será melhor.
HANNAH	Melhor de que maneira?
MARTIN	Será mais seguro.
HANNAH	É disso que se trata? De segurança?
MARTIN	A segurança sempre foi uma condição. Não entramos nessa relação para arruinar nossas vidas.
HANNAH	Pensei que tivéssemos entrado nessa relação porque nos amávamos.
MARTIN	É claro que sim. Mas ambos conhecíamos os limites e os riscos.
HANAH	Eu nunca pensei em limites, nem em riscos.
MARTIN	Porque não é você quem tem uma família e uma posição para zelar.
HANNAH	*(Arrependida.)* Eu sinto muito. Às vezes me odeio por ser tão feminina.

MARTIN	Nós não deveríamos perder a felicidade desses encontros com discussões e reprimendas.
HANNAH	Eu sei. Mas quando você sai daqui, você volta para Elfrid e para os teus filhos. Já eu, volto para a minha solidão.
MARTIN	Não dramatize. A minha solidão não é menor que a sua.
HANNAH	Mas você tem a mim sempre que deseja. Eu, em troca, vivo a depender de que você tenha tempo.

Pausa.

MARTIN	Você tem que aprender a viver sem mim, Hannah.
HANNAH	É o que você estava tratando de me dizer o tempo todo, não é?
MARTIN	Não estou dizendo que deixemos de nos ver, nem de nos amar. Mas você tem que se convencer de que a sua vida não pode ser um apêndice desta relação, mas um caminho independente que esse amor complementa e aperfeiçoa.
HANNAH	É admirável como você sempre consegue chegar exatamente aonde se propunha chegar.
MARTIN	Por que é que você me diz isto?
HANNAH	O propósito deste encontro era ser uma despedida.
MARTIN	Não é verdade! O propósito deste encontro era estarmos juntos. Esse era o único motivo! Mas não podemos permitir que o amor se converta numa prisão, ou numa forma de dependência. Meu amor por você me faz desfrutar do teu ser e da tua liberdade, sem te impor minhas ansiedades, ou minhas expectativas, e eu espero o mesmo de você.
HANNAH	Você tem uma ideia muito utilitária da liberdade, em especial da minha. Você a faz aparecer e desaparecer como se fosse um ilusionista.

MARTIN	Como você é cruel! Não deveria pensar tão mal de mim.
HANNAH	Eu te amo, Martin. Nada pode mudar isso.
MARTIN	Então, você teria que ser um pouco mais tolerante.

Pausa.

HANNAH	Há outra mulher em sua vida?
MARTIN	De que é que você está falando?
HANNAH	Você se cansou de mim? Você se enamorou de outra?
MARTIN	De onde você tirou isso?
HANNAH	Não tenha medo, eu não faria uma cena, nem te pediria explicações.
MARTIN	Mas é justamente isto o que você está fazendo!
HANNAH	Não me arrogo nenhum direito sobre você, Martin. Só preciso saber... pra não ficar mais confusa.
MARTIN	Não, não há nenhuma outra mulher na minha vida! Exceto Elfrid, é claro. Isto tudo, de repente, vem a propósito de quê?
HANNAH	Não é alguma coisa em que não tenha pensado. As pessoas falam, como você pode imaginar...
MARTIN	As pessoas? Que pessoas?
HANNAH	Os estudantes.
MARTIN	E o que é que eles dizem, exatamente?
HANNAH	Nada. Fofocas. Você tem essa fama...
MARTIN	Fama?
HANNAH	De sedutor...
MARTIN	*(Irritado.)* Perdoe, mas não tenho tempo para mexericos. Agora sim, tenho que ir.
HANNAH	Quando eu vou te ver?

MARTIN	Você vai saber. Eu te escrevo. Mas prefiro que você não me escreva antes que eu a avise.
	HANNAH o acompanha até a porta.
HANNAH	Não quero perdê-lo, Martin...
MARTIN	Não tenha medo. Você não vai me perder.

Beijam-se rapidamente e MARTIN sai.

Apagam-se as luzes da cena. Os TESTEMUNHOS são projetados sobre a tela

Testemunhos 3

ACADÊMICO 1   Quando Hanna foi estudar com Jaspers, estava decidida a não voltar a ver Heidegger.

ACADÊMICO 4   Talvez tenha pensado que evitando todo contato com ele fosse mais fácil esquecê-lo, ou talvez imaginasse que o interesse dele por ela era meramente físico e isto a incomodava.

ACADÊMICO 3   Evidentemente, Heidegger queria por fim à relação, ou, pelo menos, à intensidade da relação. Há um dado da realidade que convém levar em conta. Em 1925, quando Hannah e Martin se conheceram, o nazismo apenas se insinuava na Alemanha. Mas, em 1928, a influência do nazismo já era muito mais palpável.

ACADÊMICO 2   Heidegger era um antissemita?

ACADÊMICO 1   Eu penso que, neste sentido, era um alemão bastante comum. Acreditou nos postulados do nazismo e, seguramente, se equivocou, mas não fez parte do aparato de matar.

ACADÊMICO 4   Prejudicou alguns judeus, mas também ajudou outros. Creio que, neste sentido, não foi muito diferente da maioria.

A projeção se apaga. Acendem-se as luzes da cena.

Terceiro encontro
Abril de 1930
Um banco de praça em Berlim

MARTIN está sentado num banco, lendo um jornal. HANNAH chega agitada, empurrando uma bicicleta. Apoia a bicicleta contra o banco. Senta-se junto dele.

HANNAH   Martin, querido! Sinto tanto tê-lo feito esperar... *(Beija-o no rosto.)*

MARTIN   Hannah! Obrigado por vir.

HANNAH   Teria chegado antes, mas era impossível avançar. Havia uma manifestação gigantesca na Potsdamerplatz. Você não imagina... Milhares e milhares de pessoas pedindo pão e trabalho.

MARTIN   A situação se tornou insustentável. Há mais de três milhões de desempregados na Alemanha. As pessoas estão reclamando uma solução, mas ninguém escuta. É como aquela reprodução de Bosch, que tinha em meu gabinete, lembra? Pois o governo é isso, uma nave de loucos.

HANNAH   *(Toma-lhe as mãos.)* Fiquei muito feliz por ter me chamado.

MARTIN   Não podia passar por Berlim sem vê-la. Você sabe muito bem.

HANNAH   O que o trouxe aqui?

MARTIN   Recebi uma oferta para ocupar a cátedra que Troeltsch deixou vaga, na Universidade de Berlim, mas não creio que possa aceitar.

HANNAH   Por que não? É a cátedra de filosofia mais importante da Alemanha!

MARTIN   Você diz isso a mim?

HANNAH   Além do mais, seria maravilhoso voltar a ter você por perto.

MARTIN	Para mim também seria! Mas não é o momento, lamentavelmente. Além do mais, confesso que esta cidade me parece assustadora. Toda essa gente na rua e esse ruído incessante. Não sei como você pode viver aqui.
HANNAH	Eu a acho fascinante. A vida cultural é tão louca e variada que compensa as desvantagens. Oh, Martin! Você tinha que vir para Berlim. Tenho certeza de que se acostumaria.
MARTIN	Não creio. Você sabe que no fundo continuo sendo um camponês da Floresta Negra...
HANNAH	Isto é o que você gostaria que as pessoas pensassem.
MARTIN	Não entendo como alguém pode pensar alguma coisa no meio desse ruído... Como é que você faz para trabalhar?
HANNAH	Eu me viro. Se lhe contasse onde nós vivemos, você não acreditaria. Eu e Gunther dividimos um estúdio com uma escola de dança. Eles usam o estúdio durante o dia e nós, à noite. Em cima, o filho da dona, que é um artista, guarda lá as suas esculturas. É tudo muito funcional, como você vê. Mas não me queixo. Isto me obriga a andar pelas ruas e a trabalhar em bibliotecas. E Gunther faz o mesmo...
MARTIN	Quer dizer que você se casou...
HANNAH	Sim, você não sabia?
MARTIN	Escutei algum rumor...
HANNAH	Para você soa absurdo, não é verdade? Eu mesma não posso acreditar. Mas Gunther tinha a possibilidade de conseguir um lugar de professor em Frankfurt e pensamos que causaria melhor impressão se estivéssemos formalmente casados... Seus pais também insistiram e, finalmente, pensei: Bom! Por que não?
MARTIN	Fico contente por você!
HANNAH	Verdade?

MARTIN	Por que esse espanto?
HANNAH	Bem, soa raro, vindo de você...
MARTIN	Sempre achei que você necessitava de um pouco de estabilidade na vida.
HANNAH	*(Tomando-lhe as mãos.)* A única coisa estável na minha vida foi meu amor por você, Martin. Não tenho escrúpulos em admitir isso.
MARTIN	Eu sei, eu sei. E sinto a mesma coisa. Mas me entristecia pensar em você e imaginá-la sozinha, sem ninguém com quem compartilhar as suas coisas... Gunther é perfeito pra você! Sempre tive muito apreço por ele. *(Pausa, inquieto.)* Você contou a ele sobre nós?
HANNAH	Não.
MARTIN	Talvez seja melhor que não saiba.
HANNAH	Ele o admira muito, como pode imaginar. Tem a esperança de que você aceite orientar a sua tese.
MARTIN	Pode lhe dizer que farei isso, claro.
HANNAH	Também não disse que viria te ver...
MARTIN	Não? Bom, logo vai encontrar a maneira de dizer. Talvez peça a Elfrid que organize um jantar para os quatro, se passarem por Marburg.
HANNAH	A Elfrid? Ai, Martin, que ideia!
MARTIN	Por quê?
HANNAH	Não creio que ela vá ficar entusiasmada com a perspectiva.
MARTIN	Você sempre teve uma ideia equivocada de Elfrid. Ainda que a conheça pouco, fala de você com muito respeito. E Gunther foi como um filho para ela.
HANNAH	Você disse bem: "foi"...
MARTIN	O que significa isso?
HANNAH	*(Sorri.)* Que foi, até que se inteirou de que era judeu.

MARTIN	Como é que você pode dizer uma coisa dessas?
HANNAH	Você não sabe? Uma vez, em Totnauberg, numa dessas reuniões que Elfrid e você organizavam para os estudantes, ela ficou, parece, tão impressionada com Gunther que não lhe ocorreu nada melhor que tratar de convencê-lo a se filiar ao partido nazista. *(Ri.)* Quando ele lhe disse, muito tranquilo, que isto não seria possível porque era judeu, Elfrid ficou verde como um papagaio.
MARTIN	Oh, Hannah! Isso é uma fábula! Quem te contou isso?
HANNAH	Gunther me contou.
MARTIN	Não posso crer.
HANNAH	Gunther pode ter muitos defeitos, mas nunca mente.
MARTIN	Com certeza foi uma brincadeira.
HANNAH	Bom, talvez a sua Elfrid tenha um estranho senso de humor. Mas você não pode negar que os judeus nunca foram a sua companhia favorita. *(Impetuosa.)* O que é que você faz com ela, Martin?
MARTIN	Combinamos que nunca discutiríamos essa questão.
HANNAH	Creia que não é ciúme o que me faz dizer isto. Afinal de contas, eu também estou casada. Mas um homem com o seu intelecto, com a sua sensibilidade... Como pode viver com uma antissemita vulgar como Elfrid? Vai terminar contagiando você...
MARTIN	Obviamente você não conhece Elfrid e, em vista dos seus preconceitos em relação a ela, não tem sentido tratar de explicar quem ela é. Quanto à sua obsessão com o antissemitismo...
HANNAH	Eu não estou obcecada com o antissemitismo; são os alemães que estão obcecados com o antissemitismo.
MARTIN	...Tenho medo que isso a impeça de apreciar a importância do que se está gestando, atualmente, na Alemanha.

HANNAH	O que se está gestando é monstruoso, Martin! Você não vê? A crise econômica é a grande esperança dos nazistas. Olha o que aconteceu nas eleições da Saxônia. Os nazistas obtiveram mais de quatorze por cento dos votos, quando no ano passado não conseguiram juntar mais que um ou dois por cento!
MARTIN	Justamente.
HANNAH	*(Impaciente.)* O que significa "justamente"?
MARTIN	Que por mais sombrio que pareça o panorama atual, o que se perfila no horizonte é uma grande oportunidade.
HANNAH	*(Surpreendida.)* Não entendo. Você se refere a Bruning?
MARTIN	Não! O governo de Bruning não tem possibilidade de sobreviver muito mais que dois meses. Bruning é um conservador da velha escola, um almofadinha arrogante que nem sequer consegue controlar o Reichtag. Não, falo do que virá depois, quando toda essa fachada de papelão desmoronar.
HANNAH	*(Assombrada.)* Martin, pelo amor de Deus! Não me diga que você vai se meter em política! *(Começa a rir.)* De todas as pessoas que conheço não há ninguém mais inadequado pra isso que você!
MARTIN	Talvez eu seja um pouco ingênuo em questões mundanas, mas isto não significa que não possa dar uma contribuição ao debate sobre o futuro da nação.
HANNAH	E por onde passa o futuro? *(Alarmada.)* Você não estará pensando que a salvação vai chegar com os nazistas...
MARTIN	Não seja cega, Hannah. Olhe à sua volta. A depressão moral das pessoas é ainda mais grave do que foi, durante o período da hiperinflação. Os dirigentes as traíram, os militares as traíram, a democracia as traiu e agora as trai o capitalismo, que levou o mundo a essa espantosa depressão. O desemprego destruiu a pouca autoestima que restava às pessoas, depois da

humilhação de Versailles, e a fome as leva ao desespero. Na mesa já não há comida, mas substitutos. Margarina em lugar de manteiga, malte em lugar de café... Quanto tempo você acha que vai levar, até que se produza o estouro? A Alemanha necessita de um líder capaz de unificar o povo, de lhe devolver a dignidade e um sentido de futuro. Nisto, todo mundo está de acordo, não? Agora, muito bem: onde está esse homem? Os social-democratas o têm? Não. O tem o partido católico? Não. Os comunistas, por acaso? Também não. Sejamos realistas, os únicos que têm esse homem são os nacional-socialistas e este homem se chama Adolf Hitler. É claro que, pessoalmente, me desagrada tanto quanto a você e não compartilho tudo o que prega, mas este não é o momento de lavar as mãos e ficar olhando como tudo se desintegra.

HANNAH *(Horrorizada.)* Não acredito que você esteja pensando em trabalhar com essa gente!

MARTIN Eu não disse que vou trabalhar com eles! Mas nem todos são brutos e selvagens como a imprensa comunista trata de pintar. Dentro do nacional-socialismo há gente razoável e sensata, com uma visão clara do que é preciso fazer. E se posso ajudar a encaminhar este movimento, a lhe dar um conteúdo e uma filosofia, não vejo por que não haveria de fazê-lo.

HANNAH Perdão, mas me custa pensar que estas palavras vêm de você. Os nazistas "razoáveis e sensatos"? Você não leu *Mein Kampf*? Não viu o que Hitler propõe?

MARTIN Não, não li, nem tenho intenção de fazê-lo.

HANNAH A sua Elfrid, certamente, o leu!

MARTIN Hannah, tudo isto é anedótico. Todos os políticos escrevem livros e fazem grandes proclamações que esquecem no instante em que assumem o poder. Hitler não pode chegar lá sozinho. Com sorte juntará uns trinta por cento do eleitorado. Precisa criar alianças

	e, no processo, deixará de ser um agitador de cervejaria e se converterá num político pragmático. Mas é no debate dentro do nacional-socialismo que se pode abrir um caminho novo, o único possível, em minha opinião, para uma verdadeira renovação.
HANNAH	Está delirando!
MARTIN	*(Ofendido.)* Se prefere ver dessa maneira...
HANNAH	Quantos judeus, Martin, quantos socialistas, quantos sindicalistas ainda terão que ser agredidos, golpeados e assassinados antes que você tenha a coragem de ver o verdadeiro rosto dos seus amigos nazistas?
MARTIN	A violência atual não é mais que uma reação à violência a que submetem o povo, cotidianamente. Você acha que não é violência fazê-los fuçar o lixo em busca de comida? Acha que não é violência despojá-los de sua dignidade e de seus meios de sobrevivência? Enquanto um grupo de banqueiros internacionais joga com o destino da Alemanha como se se tratasse de um punhado de cartas, a nação se desintegra. Você mesma os viu esta tarde, na Potsdamerplatz.

HANNAH fica de pé.

MARTIN	Que está fazendo? Onde você vai?
HANNAH	Não quero continuar escutando o que você diz!
MARTIN	*(Muda de atitude.)* Hannah, por favor!... Volte, sente-se aqui, vamos parar com isso. Essas discussões sempre nos roubam as poucas oportunidades que temos de estar juntos.
HANNAH	*(Volta.)* Esse movimento salvador de que você fala me exclui, será que você não entende? Converte-me em pária, a mim e a milhares de pessoas como eu, pela única razão de que somos judeus. Não importa se somos ricos ou pobres, cultos ou ignorantes, agnósticos, conversos ou acidentais. Renovação? De que renova-

	ção você está falando? Você já me teve na sua cama. Devia saber se somos, realmente, sub-humanos.
MARTIN	*(Conciliador, toma-a pelo braço, a atrai.)* Não seja dramática. Vem cá! Você me conhece... Certamente, quando chegar o momento, eu vou acabar decidindo que o melhor é permanecer na minha cabana de Todnauberg, entre meus papéis e meus livros. *(HANNAH senta-se. MARTIN toma as suas mãos.)* Conte pra mim o que você faz, o que está escrevendo...
	Pausa.
HANNAH	O que estou escrevendo é a minha única fonte de felicidade, nestes tempos terríveis...
MARTIN	Está vendo? Pelo menos disso vale a pena falar. Bem, me conte...
HANNAH	Encontrei uma amiga, Martin, uma alma gêmea...
MARTIN	Mas isto é maravilhoso, Hannah! Quem é? Eu a conheço?
HANNAH	Lamentavelmente esteve morta por quase cem anos, mas eu a sinto tão próxima que é como se tivéssemos crescido juntas. Estou escrevendo sobre Rahel Varnhagen... É um personagem maravilhoso e trágico. Patrocinava um desses salões literários famosos, na Berlim de começos do século passado. Era amiga de Heine e de Schelling. Ler suas cartas é como ler a mim mesma. Sua consciência é a minha consciência; suas dúvidas, as minhas dúvidas. Ainda que não fosse particularmente bela, tinha uma paixão intensa. Apaixonou-se por homens equivocados e acabou se casando por conveniência. Tentou escapar de sua condição de judia convertendo-se ao cristianismo, mas nunca conseguiu se desfazer, realmente, dessa herança.
MARTIN	*(Decepcionado.)* E é isso o que te interessa nela?

HANNAH	Me interessa porque vejo um círculo perfeito entre o seu tempo e o meu. Ela é o começo desse capítulo da história judaica que chamamos de assimilação, quando os judeus acreditaram ingenuamente que era possível integrar-se à sociedade hospedeira, seja por conversão, seja por matrimônio. Aspiravam ser alemães, ser "normais", como os outros. Esse foi o mundo em que Rahel Varnhagen acreditou viver. Eu sou o final dessa história. Agora sabemos que foram cem anos de utopia. Uma mentira que nos contaram e nos contamos. A assimilação era uma miragem. Tratamos de nos perder na imensidão do mar, mas o mar nos devolve constantemente à praia. A sociedade não deseja a nossa normalidade. Aos outros aterroriza a possibilidade de passarem diante de nós e não serem capazes de nos reconhecer. Precisam de nós para se distinguirem e para justificarem o seu fracasso.
MARTIN	Receio que as suas preocupações com a questão judaica a estejam afastando dos grandes problemas essenciais da filosofia. Você tem um trabalho importante para fazer, Hannah, não pode se preocupar com miudezas.
HANNAH	Você chama isso de "miudezas" e eu sou incapaz de reagir... Devo estar louca... O efeito que você tem sobre mim é extraordinário. Eu o escuto raciocinar e meu coração se derrete, como acontecia quando o escutava nas aulas de Marburg. Não importa que as suas ideias atuais repugnem a minha consciência. O efeito é o mesmo... Eu o amo demais...
MARTIN	Eu também a amo, você sabe muito bem...
HANNAH	*(Subitamente.)* Toque-me, Martin, preciso que você me toque...

MARTIN aperta suas mãos. Beija-a na testa.

HANNAH	Não, assim não! Quero que me toque os seios, quero sentir as suas mãos embaixo do meu vestido...

HANNAH pega as mãos dele e leva-as aos seios.

MARTIN	*(Escandalizado.)* Que é que você está fazendo? Está louca? Podem nos ver. Essa é uma praça pública.
HANNAH	Não me importa.
MARTIN	*(Trata de controlá-la.)* Comporte-se, Hannah! Não seja irresponsável.

HANNAH se lança aos pés dele. Trata de abrir-lhe a calça. MARTIN luta com ela. Empurra-a. Põe-se de pé.

MARTIN	Basta, Hannah! O que é que deu em você?
HANNAH	*(No chão.)* Você não entende? Você me envenenou o sangue... Não importa o que você diga, ou faça... Sou sua, eu lhe pertenço... Pode fazer o que quiser, não lhe peço nada... Somente que me ame...

MARTIN escuta perplexo. Ajuda-a a se levantar. Voltam a se sentar no banco. MARTIN a rodeia com o braço.

MARTIN	Fique tranquila, não seja imprudente.
HANNAH	Não tente me fazer sentir envergonhada, porque não estou.
MARTIN	Não podemos nos expor desta maneira.
HANNAH	Como você entende pouco das mulheres, Martin! Você as admira, as seduz, faz amor com elas, mas não as entende. Com certeza está achando que me deu uma demência temporária, ou uma inesperada febre sexual. Não entende o que se passa comigo, nem como me sinto. E o que é pior, tenho medo de que não vá entender nunca. Está muito ocupado consigo mesmo.

MARTIN   O que é que tenho que entender?

HANNAH   Tenho medo, Martin!

MARTIN   Medo? De que é que tem medo?

HANNAH   Não sei. Não é um medo específico, o que é mais atemorizante, porque não há nada de concreto em que eu possa me agarrar. Não tenho outro sentido de pertencimento que não seja o que me liga a você, por mais duro que seja admitir isto. Não tenho nem pátria, nem religião, nem etnia. Não posso amar as abstrações, nem ser parte delas. Não sinto que meu sangue tenha nada em comum com os outros, exceto por sua composição química. O exterior me etiqueta. Chamam-me alemã, ou judia, ou intelectual, ou esquerdista, mas não me reconheço em nenhuma dessas categorias. Sinto-me tão alheia a tudo isto, como se me chamassem de esquilo ou girafa. Não tenho *caritas*, ânsia de Deus, como pedia Santo Agostinho. Não sinto a obrigação de amar a meu vizinho como a mim mesma, se não o conheço. Não sinto nada disso, nem sequer sinto amor por meu marido e, em troca, amo você, que acredita que o nazismo será a salvação da Alemanha e vive com uma bruxa desprezível. *(Pausa.)* Não diz nada...

MARTIN   O que espera que eu diga?

HANNAH   Não sei o que espero. Um milagre, talvez. Despertar sob um céu diáfano e diferente. *(Pausa.)* Que vai ser de nós, Martin?

MARTIN   Será o que nós quisermos que seja.

HANNAH   Não acredito. O que está por vir é muito superior à nossa vontade.

MARTIN   Então vamos deixar que o tempo cuide disso. *(Levanta-se. Toma-a pelo braço.)* Venha, vamos, está ficando tarde...

HANNAH	Vá você. Eu vou ficar um pouco mais...
MARTIN	Tem certeza?
HANNAH	Sim, tenho certeza.

MARTIN a beija no rosto, mas HANNAH toma sua cabeça e beija-o na boca.

MARTIN	Eu lhe escrevo...
HANNAH	Sim.
MARTIN	Adeus, então...

Olham-se por um instante e logo Martin se vira e se afasta.

HANNAH	Adeus, querido Martin... Até sempre... Quem sabe se voltarei vê-lo.

Apagam-se as luzes da cena. Os TESTEMUNHOS são projetados na tela.

Testemunhos 4

ACADÊMICO 3   Heidegger assumiu, como reitor da Universidade de Freiburg, em abril de 1933, no meio de um autêntico circo fascista.

ACADÊMICO 2   Uma banda tocou o "Horst Wessel", o hino nazista. Houve repetidos "Sieg Heil!" com o braço estendido, incluindo o do próprio reitor...

ACADÊMICO 4   O discurso inaugural de Heidegger tem menos de dez páginas...

ACADÊMICO 2   Mas é, seguramente, o documento mais infame da história da filosofia.

ACADÊMICO 4   Heidegger era, basicamente, um homem rural e o nazismo prometia o retorno a uma vida mais bucólica e simples. Isto lhe parecia muito atraente. Por outro lado, ele também compartilhava o antissemitismo cultural da Alemanha, nessa época, sem cair, digamos, no antissemitismo biológico de Hitler.

ACADÊMICO 1   Eu creio que Heidegger não precisava de Hitler para ser antissemita... Já trazia isso de sua própria cultura.

A projeção se apaga. Acendem-se as luzes da cena.

Quarto encontro
Junho de 1933
Um hotel nas imediações de Marburg

HANNAH está em pé, fumando em frente à janela, de costas para o público. Seu corpo está tenso. Logo depois se escutam algumas batidas na porta. HANNAH tem um sobressalto. Vai até a porta e abre. MARTIN entra apressadamente.

MARTIN   Hannah!

HANNAH   Olá, Martin.

MARTIN a abraça. HANNAH responde passivamente.

MARTIN   Que felicidade! Tinha tanto medo de não encontrá-la!

HANNAH   Disse a você que viria.

MARTIN   Eu sei, eu sei. Mas mesmo assim, quem sabe quantas coisas podiam acontecer. Mas você está aqui, Hannah. Isso é o que conta... Venha cá, deixe-me olhar para você. Está esplêndida! Bonita como sempre!

HANNAH   Obrigada, Martin. A verdade é que não me sinto bonita ultimamente. Você, por outro lado, parece muito bem.

MARTIN   Só aos seus olhos, Hannah... Os meus não são tão clementes... Quanto tempo se passou!

HANNAH   Quatro anos, desde aquela vez em que nos visitou em Heidelberg.

MARTIN   Quatro anos, já! O tempo parece que voa. Como está Gunther?

HANNAH   Está muito bem, obrigada. Como está Elfrid?

MARTIN   Com alguns problemas de saúde, coitada. Nada grave. O verão não lhe faz, particularmente, bem.

HANNAH   *(Sem simpatia.)* Lamento muito... *(Vai até a mesa.)* Quer um cálice de licor? Não é grande coisa, mas foi tudo o que pude conseguir...

MARTIN   Claro! Temos que brindar.

HANNAH tira uma garrafinha da bolsa. Serve dois copos. Sentam-se.

HANNAH   Andei tomando um pouco mais da conta, enquanto lhe esperava, e acho que estou um pouco bêbada...

MARTIN   *(Levanta seu copo.)* A você, Hannah. Para que sempre possamos nos reencontrar.

HANNAH   Tomara seja em tempos melhores, Martin.

Batem com os copos.

HANNAH   Perdoe por pedir que subisse ao meu quarto, mas não me sentia segura em encontrá-lo num lugar público.

MARTIN   Eu entendo... Não pense que não aprecio o que você está fazendo... Sei muito bem o risco que correu, vindo até aqui...

HANNAH   A verdade é que não foi uma decisão muito prudente. De Berlim para cá as estradas estão muito vigiadas e os trens estão cheios de fiscais. Mas queria vê-lo uma vez mais, antes de ir embora. É isso.

Pausa.

MARTIN   Você vai, então...

HANNAH   Sim, vou.

MARTIN   Quando?

HANNAH   Amanhã.

MARTIN   Tão rápido!

HANNAH   Não posso esperar, Martin. Minha situação está se tornando cada dia mais insegura. Gunther já está em Paris. Teve que ir embora com a roupa do corpo, depois do incêndio do Reichtag. A Gestapo confiscou o caderno de telefones de Brecht e seu nome estava lá.

Pausa. MARTIN se serve de um pouco mais de licor.

MARTIN   Sendo assim, não há dúvida de que é melhor que você vá...

HANNAH sorri.

MARTIN   Por que é que você ri?

HANNAH   Você me disse a mesma coisa, quando fui embora de Marburg.

MARTIN   Como você pode comparar? As circunstâncias eram muito diferentes, na época.

HANNAH   *(Com ironia.)* Pelo visto, não importa quais sejam as circunstâncias, sempre sou eu a que vai.

MARTIN   Você fala como se fosse eu quem a forçasse a ir...

HANNAH   Bom, não desta vez. Ainda que, talvez, você tenha alguma coisa a ver com isto, de uma maneira elíptica.

MARTIN   Que diabos significa isso?

HANNAH   *(Servindo-se de um trago.)* Sabe? Meu avô se estabeleceu em Königsberg em meados do século passado... Vinha da Lituânia e sua família emigrou para escapar da guerra da Crimeia. Dedicou-se à importação de chá e, com o tempo, sua firma chegou a ser a mais importante da região. Meu avô amava a Alemanha e a cultura alemã. Estava convencido de que vivia numa época privilegiada, onde a emancipação estava logo ali, dobrando a esquina. De fato, eu cresci numa casa onde nunca se pronunciava a palavra "judeu". A primeira vez em que a escutei, com relação a mim, foi através das crianças com quem brincava na rua. No princípio não entendia a que se referiam. Objetivamente, não sentia que houvesse nenhuma diferença entre mim e elas, mas, pelo visto, elas estavam convencidas de que havia. Acho que a minha alienação começou por essa época. Por alguma razão, nunca senti que Königsberg fosse a minha casa. Marburg, Heidelberg ou Berlim, também não. Meu pertencimento aos lugares físicos sempre esteve condicionado a vontades alheias, como uma dádiva que tanto se dá, quanto se tira. Talvez por isto sempre tive a convicção de que a minha verdadeira pátria era algo muito mais intangível, como a língua e a poesia alemãs. Observo que hoje, no momento de partir me custa decidir de que me despedir ou pelo que chorar. As coisas que me ligam à Alemanha viajam comigo, guardadas em minha memória. Mas não posso evitar sentir o profundo dilaceramento, a sensação de injustiça, a indiferença geral.

MARTIN Não pense que não entendo como se sente.

HANNAH É verdade, você entende?

MARTIN Por acaso duvida?

HANNAH E, no entanto, os apoia...

MARTIN Não seja ridícula! Eu não apoio nada disso! Opus-me a essa loucura com todas as minhas forças. Em toda revolução se cometem excessos.

HANNAH Excessos? Para você parece que tudo isso não é mais que um excesso?

MARTIN Por acaso você preferia que fossem os comunistas que tomassem o poder?

HANNAH Por que não? Certamente, com os comunistas seria você quem teria que ir, não eu. *(Arrependida.)* Me perdoe, eu não quis dizer isto... Estou tão confusa, Martin... As pessoas dizem coisas terríveis de você.

MARTIN E você lhes dá atenção... Por acaso deixou de me amar?

HANNAH Deixar de amá-lo? Como eu poderia deixar de amá-lo? Ainda que a minha cabeça ordenasse, meu coração resistiria. Não, Martin. Amo você como no pri-

	meiro dia e, certamente, mais. Por isto, escutar o que eu escuto tem sido tão dilacerante para mim.
MARTIN	O que foi que você escutou? Que sou um antissemita? Que ignoro os judeus, que não os cumprimento? Minha primeira disposição oficial, no segundo dia do meu reitorado, foi proibir que colassem cartazes antijudaicos na universidade. Enfrentei a chefia suprema das SA, por causa desses cartazes. Mas nada disso é suficiente para deter a calúnia de que sou objeto. E agora vem você fazer eco disso tudo!
HANNAH	Eu li as declarações que você fez, quando assumiu a reitoria.
MARTIN	Que declarações?
HANNAH	*(Citando.)* "O *Fuhrer* e só ele é a realidade atual e futura da Alemanha e sua lei." Eu li. Ninguém me contou.
MARTIN	Hitler é essencial nesta fase do processo, não nego. Está rodeado de bufões, também não nego. Eventualmente, se desfará deles. Mas ninguém, em seu perfeito juízo, pode pensar que a confusão em que vivíamos, antes que fosse eleito Chanceler, com trinta e dois partidos vociferando, em lugar de propor ideias, era preferível.
HANNAH	Como é que você pode dizer uma coisa dessas? Justamente você? Não escutou? Não ouviu o que ele disse?
MARTIN	Não importa o que ele disse. Importa o que representa. Saia na rua. Veja o semblante das pessoas. Pela primeira vez, desde o fim da guerra, as pessoas caminham de cabeça erguida e olham para o futuro com esperança.
HANNAH	Que pessoas, Martin? Eu vi algumas das mentes mais lúcidas da Alemanha sendo expulsas de seus gabinetes aos empurrões, pelo único fato de serem judeus, ou marxistas, ou pacifistas.

MARTIN	Hannah, Hannah, você está vendo a espuma e não vê o mar. Por acaso você pensa que avalizo essa metodologia? Tudo isso me repugna, tanto quanto a você. Mas sei a origem disso.
HANNAH	Sabe? O que é que você sabe?
MARTIN	Que não se pode reparar uma grande injustiça sem cometer pequenas injustiças. Você não pode mobilizar o povo, fazê-lo seguir uma ideia, por grandiosa que seja, se não lhe diz quem são seus inimigos. Deus não existe sem o diabo. O Cristianismo não teria sobrevivido sem a Inquisição. Hitler entendeu muito bem tudo isto.
HANNAH	E você, Martin, também entende?
MARTIN	É claro que entendo! Como entendo, também, que toda essa fase eruptiva e odiosa não pode durar. Uma vez que o organismo se depura, encontra seu equilíbrio. Mas se as forças mais lúcidas e capazes do povo alemão se negam a participar, então só vão ficar os selvagens e os irracionais para liderar.
HANNAH	E por isto você proibiu a entrada de Husserl na Universidade...
MARTIN	Eu não proibi nada a Husserl! Essa é outra das mentiras que inventaram contra mim!
HANNAH	Ele era seu mestre, seu amigo, o homem que lhe abriu as portas do mundo acadêmico!
MARTIN	E eu o defendi até o último momento! Que mais podia fazer?
HANNAH	Eu vi a circular que você mandou a ele, comunicando que estava despedido.
MARTIN	Eu não mandei essa circular!
HANNAH	Tinha a sua assinatura.

MARTIN	Eu sou o reitor. Como reitor, sou obrigado a assinar as disposições do governo. Isto não significa que eu o tenha despedido.
HANNAH	Se não estava de acordo com o que o obrigaram a assinar, você devia ter renunciado.
MARTIN	E isso teria mudado o quê? Por acaso Husserl teria podido voltar? Se eu renuncio, quem é que você acha que viria depois de mim? Você não entende que estou tentando salvar a Universidade dos hunos? *(Silêncio.)* Hannah, Hannah, vamos brigar até o último minuto deste encontro? Não fica em seu coração nenhum resto de ternura por mim?

HANNAH se detém. Toma-lhe as mãos.

HANNAH	*(Suspira.)* Perdoe-me. Estou tão envenenada que não me permito desfrutar de nada, nem mesmo deste encontro. E você não imagina o quanto eu o desejava. Prometi mil vezes, a mim mesma, que não deixaria que a política interferisse em meus sentimentos.
MARTIN	*(Abraça-a e beija.)* Se soubesse como tive saudades todo esse tempo, o quanto pensei em você.
HANNAH	Eu não faço outra coisa...
MARTIN	Tenho saudades das tardes que passávamos em Todtnauberg, escutando Bach, recitando Rilke... Lembra?
HANNAH	Se me lembro? Ainda conservo junto à minha mesa de cabeceira o exemplar de poemas de Rilke que você me deu de presente, com suas anotações e seus comentários. Por Deus, Martin! É tão odioso se separar!
MARTIN	Alguns espíritos não se separam nunca, Hannah...
HANNAH	Não me fale de espíritos! Vivi todos estes anos de puro espírito e, acredite, não é nenhum consolo. A ausência é sempre uma ferida aberta.

MARTIN	Você já conhece a minha situação...
HANNAH	Não precisa me dar explicações. Nunca lhe pedi nada. Só estou me lamentando.
MARTIN	E Gunther?
HANNAH	Gunther é uma boa pessoa. É honesto, inteligente, com um certo senso de humor, quando não se entrega ao seu inveterado pessimismo... Mas meu coração ficou com você e eu não sei como resgatá-lo. Quando você veio nos visitar em Heidelberg, me senti dividida como se tivessem me aberto ao meio com uma serra. Estar ali, no mesmo ambiente, com Gunther e com você... Meu marido e meu amante, discutindo sobre a ontologia do conhecimento científico... Era uma visão surreal. Depois, quando você saiu com ele para tomar o trem para Marburg – agora posso contar – cometi uma pequena travessura. Segui vocês até a estação e fiquei vendo os dois, meio escondida. Gunther havia se instalado no assento, mas você ficou olhando pela janela. Por um momento nossos olhares se cruzaram, mas você não me reconheceu. Sou incapaz de descrever o pânico que senti.
MARTIN	*(Beija-a na testa.)* Pobre Hannah! Mas por que nos seguiu?
HANNAH	Não sei. Para vê-lo mais um pouco, para que a sua imagem não se evaporasse na porta da minha casa... *(Pausa.)* Vou me separar de Gunther, Martin... Assim que chegar a Paris...
MARTIN	Separar? Por quê?
HANNAH	Ele tem os seus interesses e eu os meus... Tenho muito carinho por ele, mas não é o suficiente para vivermos juntos... Às vezes acho que você montou uma armadilha pra ficar com todo o meu amor...
MARTIN	Hannah, Hannah, você também foi um fantasma em minha existência, por todos esses anos...

MARTIN a empurra sobre a cama.

HANNAH	*(Desprevenida.)* O que está fazendo?
MARTIN	Quero fazer amor.
HANNAH	*(Incrédula.)* Agora?
MARTIN	Sim, agora mesmo. Não vê que estou lhe desejando?
HANNAH	*(Resiste.)* Não, Martin, não.
MARTIN	*(Insiste.)* Uma última vez.
HANNAH	Não, não. Por favor!
MARTIN	Você não quer?
HANNAH	Não posso, Martin. Não posso fazer isso.
MARTIN	Não pode, ou não quer?
HANNAH	Não posso, nem quero. Deixe-me, Martin. Você não entende? Não há nada dentro de mim. Estou vazia.

MARTIN se levanta, perturbado. Fica sentado na cama, de costas para HANNAH.

MARTIN	Sinto muito. Pensei que...

HANNAH soergue o corpo, por sua vez. Abraça-o por trás.

HANNAH	Não diga nada, nem se sinta mal. Ainda que você não acredite, aprecio muito a sua tentativa. Sinto-me lisonjeada. Mas não seria eu quem estaria com você nesta cama. Já há algum tempo que me sinto totalmente incapaz de amar, fisicamente.
MARTIN	Não vou poder viver sem você...
HANNAH	Não me diga coisas que não são verdadeiras.
MARTIN	Você duvida?
HANNAH	Duvido que alguém possa ser indispensável pra você, Martin. Exceto Elfrid, talvez... Vá alguém saber o lugar que essa bruxa ocupa em sua vida!...

MARTIN	Não a chame assim! Tenho certeza de que se você a conhecesse poderia ser sua amiga.
HANNAH	Não, não poderia. Mas isto é o que você gostaria, não é? Ter as duas sob o mesmo teto... O pequeno harém do professor Heidegger... Alguma vez você contou a ela de mim?
MARTIN	Não.
HANNAH	O que ela faria se descobrisse?
MARTIN	Não sei.
HANNAH	Quer que lhe diga o que faria? Não faria nada. Choraria um pouco e depois lhe serviria o jantar.
HANNAH	Você é muito cruel.
HANNAH	Não sei o que me espera na França, Martin. Tenho tanto medo!
MARTIN	Quem dera você pudesse ficar!
HANNAH	Não posso ficar. Já me prenderam, uma vez. Tive muita sorte. Da próxima vez não serei tão sortuda.
MARTIN	*(Surpreendido, fica de pé.)* Prenderam você?
HANNAH	Não sabia?
MARTIN	Como é que eu podia saber?
HANNAH	Minha mãe tentou se comunicar com você.
MARTIN	Nunca soube disso.
HANNAH	Falou duas vezes com a sua secretária... Deixou mensagens...
MARTIN	Tem certeza?
HANNAH	Claro que tenho!
MARTIN	Não entendo o que pode ter acontecido. Por que a prenderam?
HANNAH	É preciso uma razão? Não tenho ideia. Saía da Biblioteca Nacional e ia me encontrar com a minha

	mãe para almoçar, quando me detiveram. Talvez tenham encontrado meu nome no caderno de telefones de algum outro detido. Vá alguém saber...
MARTIN	Não lhe disseram?
HANNAH	Não. Isto o escandaliza? O policial que me deteve era um rapaz muito jovem. Estava tão envergonhado que até me comprou cigarros.
MARTIN	Quanto tempo a mantiveram presa?
HANNAH	Oito dias.

Pausa.

MARTIN	(Com suspeita.) Diga-me a verdade, Hannah: Você está metida em alguma coisa?
HANNA	O que é que você entende por "estar metida em alguma coisa"?
MARTIN	Algum grupo clandestino, alguma organização subversiva...
HANNAH	Não.
MARTIN	Você me diria, se estivesse?
HANNAH	*(Depois de uma pausa.)* Não.
MARTIN	Não confia em mim?
HANNAH	Não.
MARTIN	*(Pega-a pelo braço e a atrai para si.)* Você acha que eu seria capaz de denunciá-la?

Silêncio de HANNAH.

MARTIN	*(Sacudindo-a.)* Acha?
HANNAH	Já não sei em quê acreditar, Martin. Por isso vou embora.
MARTIN	Você estará de volta antes do que pensa.

HANNAH	Não, Martin. Você sabe muito bem que não. *(Começa a recolher suas coisas.)* Sabe o que Rahel Varnhagen confessou a seu marido, no leito de morte? Disse a ele: "Aquilo que, ao longo da minha vida, foi para mim o maior motivo de vergonha – haver nascido judia – é algo que, agora eu compreendo, não quero perder por nada no mundo". Eu me sinto assim. Se não me apressar, vou perder o meu trem.
MARTIN	Quer que a leve até a estação?
HANNAH	Não. Diga-me adeus aqui.

MARTIN a beija. Ficam abraçados por um instante.

MARTIN	Cuide-se.
HANNAH	Você também...

MARTIN sai apressadamente.

Apagam-se as luzes de cena. Os TESTEMUNHOS são projetados na tela.

Testemunhos 5

ACADÊMICO 2 O mais escandaloso do *affaire* Heidegger não é, necessariamente, seu comportamento, durante o período nazista. E nisto eu incluo seus discursos, seus escritos e, ainda, o fato de que teria denunciado colegas. Não. O mais monstruoso foi seu total silêncio acerca do Holocausto. Nos trinta e um anos posteriores à destruição do regime hitlerista, Heidegger não pronunciou uma só palavra de desculpa, ou de comiseração, ou de condenação.

ACADÊMICO 3 Arendt fez grandes esforços para explicar o nazismo de Heidegger como se se tratasse de uma "patologia" sobre a qual, supostamente, ele não tinha nenhum controle.

ACADÊMICO 4 Creio que Arendt se negava a aceitar que o que tinha acontecido havia contaminado o passado. Ela queria acreditar que alguma coisa, talvez seu amor por Heidegger, podia se salvar da catástrofe.

ACADÊMICO 1 Quanta banalidade, Arendt reconhecia nas razões de Heidegger em abraçar o nazismo, mesmo depois que ela mesma fez da banalidade uma categoria moral, é um mistério. Ela concebeu o conceito de "banalidade do mal" pensando em Eichmann, mas, de uma maneira elíptica, acho que também pensava em Martin Heidegger.

A projeção se apaga. Os acordes do "Réquiem" de Verdi irrompem para marcar o trágico tempo transcorrido desde o fim da cena anterior. Acendem-se as luzes de cena.

Quinto encontro
Fevereiro de 1950
O café num hotel em Freiburg

Hannah está sentada numa das mesas, lendo um jornal. Tem 44 anos e mechas brancas já lhe tingem o cabelo. MARTIN se aproxima dela com um andar inseguro. Veste-se formalmente e usa um gorro. Mostra-se mais envelhecido que seus 61 anos. Detém-se junto à mesa. Retira o gorro.

MARTIN   Hannah...

HANNAH levanta a vista. Leva alguns instantes para reconhecê-lo.

HANNAH   Olá, Martin.

Olham-se por um instante.

MARTIN   Posso me sentar?

HANNAH   Sim, claro.

MARTIN senta-se. Coloca o gorro sobre uma cadeira. Pausa.

MARTIN   Recebi sua mensagem.

HANNAH   Estou vendo...

MARTIN   Fiquei muito surpreso...

HANNAH   Surpreso?

MARTIN   Em receber. Não imaginei que você estaria aqui em Freiburg e muito menos que me escreveria...

HANNAH   Eu mesma não sei por que fiz isto. *(Pausa.)* Talvez porque tivesse curiosidade...

MARTIN   Curiosidade?

HANNAH   De saber de você.

MARTIN   Fico feliz que tenha pensado...

HANNAH   Você não pensou?

MARTIN   Constantemente...
HANNAH   Então...

Pausa.

MARTIN   Como você está?
HANNAH   O que espera que te responda?
MARTIN   Não sei...
HANNAH   Poderia dizer que estou bem, ou mal... Tanto faz? As palavras não têm nenhum significado. *(Pausa.)* E você? Como está?
MARTIN   Geralmente, desesperado.
HANNAH   Verdade?
MARTIN   Não é possível se sentir de outra maneira quando tudo desmorona à sua volta.
HANNAH   Eu me pergunto a que desmoronamento particular você se refere. Eu também sinto, mas não creio que estejamos falando da mesma coisa.

Pausa.

MARTIN   *(Tenso.)* Imagino que você deve estar muito ressentida.
HANNAH   Ressentida?
MARTIN   Voltando à Alemanha.
HANNAH   Não foi fácil para mim. Os nazistas e os bombardeios aliados levaram a minha memória. Minha conexão com a Alemanha está tão bombardeada como meu espírito. Não posso evitar caminhar pelas ruas sem me perguntar quantos dos que passam a meu lado levantavam o braço e gritavam "Heil Hitler!" não faz muito tempo. *(Pausa.)* Você mesmo, sem ir mais longe...
MARTIN   Você veio pra isso?
HANNAH   Isso o quê?

MARTIN   Pra me jogar na cara?

HANNAH   Não sei por que vim, Martin. É uma simples observação...

Silêncio. Repentinamente, MARTIN se põe de pé. Pega seu gorro.

HANNAH   O que é que você está fazendo? Aonde vai?

MARTIN   Não vou ficar aqui pra que você me insulte.

HANNAH   O que te faz dizer isto?

MARTIN   Sua atitude.

HANNAH   O que tem minha atitude?

MARTIN   Não a reconheço...

HANNAH   Oh, Martin! Como você pode ser tão infantil, às vezes?... Passaram-se dezessete anos...

MARTIN   Não é o tempo.

HANNAH   O que é, então?

MARTIN   O tom.

HANNAH   O tom?

MARTIN   Você fala com a arrogância dos vitoriosos.

HANNAH   Você está louco? A que vitória está se referindo? Sabe o que estou fazendo em Freiburg? Trabalho com a Comissão para a Reconstrução Cultural Judaica Europeia. Juntamos toda sorte de fragmentos, documentos ou livros sobre a presença judaica que tenha sobrevivido ao desastre. Eu teria minhas dúvidas em chamar a isso de vitória.

Depois de um instante de dúvida, MARTIN volta a se sentar.
Deixa o gorro sobre a cadeira.

MARTIN   Perdoe-me. Estou muito tenso. Você compreende... *(Seca o rosto com um lenço.)* Suponho que também estou bastante desmoralizado...

HANNAH	Imagino.
MARTIN	Não mereço que tenham me tratado como me trataram. Sabe que me despojaram da minha casa, da minha biblioteca, que me proibiram de ensinar? Converteram-me num pária.
HANNAH	Francamente, Martin, na hora de sentir compaixão por alguém você não será o primeiro da lista.
MARTIN	Que a minha situação não seja prioritária para você não a torna menos injusta. Todo o mundo está convencido de que fui um nazista.
HANNAH	E não foi?
MARTIN	Fui reitor da Universidade de Freiburg por um ano, entre 1933 e 1934. Esta foi toda a extensão da minha suposta "colaboração" com o nacional-socialismo.
HANNAH	Naquele momento os nazistas precisavam de respeitabilidade e você lhes deu. Não é pouca coisa.
MARTIN	Eu não queria ser reitor. Nunca desejei isso.
HANNAH	E por que aceitou, então?
MARTIN	Von Mollendorf foi nomeado reitor, mas depois de duas semanas entrou em conflito com o ministro da Cultura e o obrigaram a renunciar. Ele era meu vizinho. No mesmo dia de sua destituição veio me ver e falou: "Heidegger, agora você tem que aceitar a reitoria". Eu disse que isso era impossível, que não tinha experiência administrativa, mas ele insistiu e disse que eu não tinha escolha. Falou: "Se você não aceita, o Ministério vai por um deles no lugar". Essa era a alternativa: ou eu ou um deles.
HANNAH	Talvez fosse a mesma coisa...
MARTIN	Não, não era a mesma coisa! Eu estava convencido de que podia proteger a universidade da politização.
HANNAH	E não se deu conta de que estavam lhe usando? Não pensou que se podiam conseguir alguém que não

	fosse "um deles", mas alguém com o seu prestígio e o seu renome, para fazer a mesma coisa a que eles se propunham, estariam se beneficiando duplamente?
MARTIN	Não. Não naquele momento.
HANNAH	Isso foi um tanto ingênuo, não lhe parece?
MARTIN	Pode ser que tenha sido um ato de ingenuidade, mas não foi uma canalhice, como querem fazer crer. E foi por causa disto que renunciei. Porque não quis fazer as coisas que me pediam que fizesse. Você não pode imaginar. As pressões de dentro e de fora eram constantes. Pediam-me que autorizasse a queima de livros, que expulsasse os professores judeus...
HANNAH	E você não fez isso?
MARTIN	Não, não o fiz! Na medida em que pude evitar fazer, não o fiz.
HANNAH	O que significa "na medida em que pude evitar fazer"?
MARTIN	Havia coisas que escapavam ao meu controle, como você bem pode imaginar. *(Repentinamente, agarra-se ao braço dela.)* Hannah, você tem que acreditar em mim! Pelo menos você...
HANNAH	Pelo menos eu...
MARTIN	Não me importam os outros, mas você não pode pensar que fui esse nazista abjeto em que querem me transformar.
HANNAH	Bom, você foi membro do partido, não?
MARTIN	Isto foi uma pura formalidade. Tive que me filiar, quando aceitei a reitoria. Não me deram alternativa. Mas, na prática, eu nunca tive nada a ver com o partido.
HANNAH	E o que aconteceu, quando deixou a reitoria?
MARTIN	Como, o que aconteceu?
HANNA	Também deixou o partido?

MARTIN	*(Confuso.)* Não, claro que não.
HANNAH	*(Surpresa.)* Não?
MARTIN	Isto teria sido uma imprudência. Minha renúncia já os tinha deixado de sobreaviso. Tornei-me politicamente duvidoso. Houve toda uma campanha contra mim. Começaram até a me vigiar...
HANNAH	Vigiavam você?
MARTIN	Constantemente.
HANNAH	Como é que você sabe?
MARTIN	Um dos meus ex-alunos veio me advertir. Ele foi um dos que receberam a ordem de me espionar. Uma tarde, teve uma crise de consciência e me confessou.

Pausa.

HANNAH	É estranho que você e eu estejamos falando disso, não é mesmo?
MARTIN	O que há de estranho? Foi pra isto que você veio, não?
HANNAH	Já lhe disse: não sei por que vim.
MARTIN	Tratei de explicar a minha situação centenas de vezes, mas ninguém parece querer escutar. Tive que me humilhar diante do Tribunal de Desnazificação e justificar os meus atos como se fosse um criminoso.
HANNAH	Você fala como se tudo o que aconteceu na guerra não fosse outra coisa senão uma gigantesca conspiração contra Martin Heidegger.
MARTIN	O que é que você espera que eu faça? Não posso ficar sentado aqui, na sua frente, sentindo o seu olhar de reprovação.
HANNAH	É isso que você vê em meu olhar?
MARTIN	Lamentavelmente, sim.

HANNA	Pois está equivocado. É absurdo, mas não posso deixar de olhá-lo como sempre, como sempre o olhei. Todo encontro que temos me remete à primeira vez e não posso evitar tremer como tremia, então. Agora mesmo... veja... estou tremendo...

HANNAH lhe mostra a mão, que treme. MARTIN a pega.

MARTIN	Eu disse a Elfrid que vinha te ver...
HANNAH	Você disse a ela?
MARTIN	Contei tudo sobre nós dois.
HANNA	Coitada da Elfrid! Imagino que já tenha sido bastante ter que viver no meio de todos estes escombros. *(Pausa.)* E o que ela disse?
MARTIN	Bom, no princípio se sentiu ferida e traída, como pode imaginar, mas depois compreendeu.
HANNAH	Compreendeu? Compreendeu o quê?
MARTIN	A importância que a nossa relação teve em minha vida. E aceitou isso, generosamente.
HANNAH	*(Incomodada.)* Você lhe contou tudo?
MARTIN	Sim, tudo.
HANNAH	Contou como fazíamos amor? Contou que coisas o excitavam e que coisas me faziam gritar e estremecer, até perder o controle?
MARTIN	Não seja absurda!
HANNAH	Ou se limitou a falar para ela dos poemas que me escrevia, ou das tardes que passávamos de mãos dadas junto ao fogo, recitando Heine?
MARTIN	A propósito de quê você está dizendo isso?
HANNAH	*(Furiosa.)* Você não tinha nenhum direito de expor a minha intimidade diante dela.

MARTIN	Eu tinha que contar. Eu sei que você não sente muita simpatia pela Elfrid, mas lhe asseguro que é uma mulher extraordinária. Nos momentos de maior desespero, quando tudo se dissolvia à nossa volta, foi ela, com seu espírito e sua coragem, quem me manteve de pé e me permitiu seguir adiante.
HANNAH	*(Com ironia.)* Esta é uma comovente declaração de amor, Martin! Pena que Elfrid não esteja aqui para escutá-la.
MARTIN	Pare com esse tom sarcástico. Elfrid quer fazer as pazes com você. Quer vê-la...
HANNAH	Quer me ver? Verdade? Que encanto! Deve ser esse espírito germânico, sempre tão aberto e generoso. Com certeza vai preparar um delicioso lanche com chá e *strudel* de maçã e falaremos de horticultura e dos bons tempos antes da guerra...
MARTIN	Não vou responder a isso.
HANNAH	Sabe o que mais me surpreende, Martin? É que toda esta conversação foi a respeito de você. Você não sabe nada de mim. Nem perguntou. Sabe que voltei a casar?
MARTIN	Sim, ouvi alguma coisa sobre isso.
HANNAH	Não lhe interessa saber com quem?
MARTIN	Sei que é um dirigente comunista, ou algo assim...
HANNAH	Chama-se Heinrich Blucher. Foi o primeiro homem que pude amar, depois de você. Não é pouca coisa.
MARTIN	Fico feliz por você, Hanna. Sempre desejei o melhor pra você.
HANNAH	Sério?
MARTIN	Duvida?
HANNAH	Pensou em mim todos estes anos, Martin? Pensava em mim, quando se deixava fotografar no meio dos estandartes e das suásticas? Pensou no que teriam feito comigo, se tivesse ficado na Alemanha?

MARTIN	Nunca justifiquei as medidas contra os judeus, você sabe muito bem.
HANNAH	Tampouco abriu a boca para denunciá-las.
MARTIN	Teria sido um suicídio! Você tem ideia do clima que se vivia aqui naqueles anos?
HANNAH	Sim, tenho ideia. Muitos foram embora por isso. Eu, inclusive. Você, ao contrário, escolheu ficar e colaborar.
MARTIN	Isto não é verdade. Depois que deixei a reitoria, nunca mais voltei a colaborar com eles. Por Deus, isso foi em 34! Ninguém imaginava o que viria depois. Admito que, no princípio, as perspectivas com que o nacional-socialismo acenava me entusiasmaram e me encheram de esperança. Via neles a oportunidade de unir e renovar interiormente o povo alemão, um caminho para que encontrasse seu destino na história do Ocidente. Mas quando pude conhecê-los melhor, me afastei completamente deles.

Pausa.

HANNAH	Fui ver Jaspers na Basileia, antes de vir aqui...
MARTIN	*(Receoso.)* Ah, sim? E o que ele lhe disse?
HANNAH	Contou que você maltratou a mulher dele porque era judia...
MARTIN	Jaspers disse isso? Pois é mentira! Fiquei irritado com ela, na última vez que nos vimos, como costuma acontecer entre amigos. Não há nada de esquisito, nem foi a primeira vez. Gertrud conseguia ser insuportável, às vezes, fosse judia, ou não.
HANNAH	Você sabia que estive num campo de internação, na França?
MARTIN	Não. Quando?
HANNAH	Antes de ir para os Estados Unidos.

MARTIN	Não sabia.
HANNAH	Tive sorte. Não foi muito tempo. Apenas dois meses. Não era Dachau, nem Auschwitz, mas também não era uma colônia de férias. Estava em Gurs, no país basco. Uma paisagem muito pitoresca, se a gente tivesse ânimo de apreciá-la. Dormíamos cinquenta mulheres por barraca e nos lavávamos com a água que sobrava da comida. Chovia quase todo o tempo, de modo que o campo era um lodaçal. Você pode se lembrar do que comeu em maio de 40... ou em junho? Pois eu posso. *Morue Sèche*. Uma espécie de bacalhau ressecado, que tinha consistência de borracha e gosto de alcatrão. Era o menu fixo, dia após dia. *(Pausa.)* Sabe, foi em Gurs onde, pela primeira vez, considerei a possibilidade do suicídio. Nada dramático. Simplesmente, acabar com a vida. Não sei bem se era a falta de esperança ou a lama. A lama invadia tudo. Era tão insuportável que a gente se engalfinhava por um pouco de água suja.
MARTIN	Como conseguiu sair de lá?
HANNAH	Quando os alemães ocuparam Paris, Gurs ficou completamente isolada. As comunicações se interromperam e tudo era um caos. No meio da confusão, muitos de nós conseguimos documentos de liberação e pudemos abandonar o campo. Eu tinha uns amigos que tinham uma casa não muito longe de Gurs, nas imediações de Montauban, assim pude chegar até lá a pé. Minha obsessão era encontrar o meu marido, mas não tinha ideia de onde ele poderia estar. Eu não era a única. As ruas estavam cheias de mulheres que andavam como loucas buscando seus maridos, seus noivos, seus filhos, seus pais... Tampouco era possível fazer isso livremente. O governo de Vichy havia baixado um decreto que obrigava os *gursiennes* – assim éramos chamados, os liberados de Gurs – a abandonar a região em vinte e quatro horas, ou seríamos no-

vamente internados. O intendente de Montauban, que era um socialista, ignorou a ordem, mas ninguém sabia quanto tempo ele conseguiria manter-se no cargo. Um dia, quando fazia minha peregrinação pelo centro da cidade, como era de hábito, descobri Heinrich no meio de um grupo de recém-chegados. Foi um momento mágico. Indescritível. Nos abraçamos no meio da praça e ficamos ali, imóveis, não sei por quanto tempo. Heinrich havia perdido muito peso e tinha uma infecção feia no ouvido, mas fora isto, estava inteiro. O campo onde tinha sido internado foi evacuado, quando os alemães ocuparam Paris, e ele conseguiu escapar junto com alguns outros e, então, vieram a Montauban. *(Pausa.)* Sabe, os breves momentos de felicidade que a gente sente no meio do desespero mais esmagador são incomparáveis. E por absurdo que pareça, quando isso me acontecia, eu pensava em você...

MARTIN Verdade? E o que pensava?

HANNAH No começo tentava te odiar. Fazia esforços extraordinários, mas o ódio não vinha. E, depois de algum tempo, me invadia a ternura. Evocava suas mãos, o seu sorriso, me via enlaçada em seus braços, recordava como você me abraçava e me beijava a cada vez que eu chegava à cabana de Todtnauberg. *(Pausa.)* Um dia alguém me mostrou a foto de um jornal. Acho que era de Leipzig. Tinha sido tirada durante uma reunião científica, ou acadêmica, não sei bem. E lá estava você, sentado na primeira fila, entre outros professores. Atrás havia uma dupla fileira de membros da SA em uniforme, segurando estandartes e bandeiras nazistas. Eu olhava para a foto tentando entender a sua presença ali, mas não conseguia compatibilizar as duas imagens: a do homem que havia amado e admirado e a do que aparecia naquela foto. Pensei... Sabe o que pensei, naquele momento? Pensei: "Pobre Martin". Foi isso o que pensei.

Pausa.

MARTIN   Aquela foto não tinha nenhuma importância.

HANNAH   *(Assombrada.)* Você acredita, de verdade, que não tinha?

MARTIN   Estar ali fazia parte das minhas funções como reitor. Eu não podia evitar. As suásticas estavam em toda parte. Eram parte da paisagem. Depois de um tempo, ninguém mais notava.

HANNAH   *(Exaltada.)* Ninguém notava? Como é que você pode dizer que ninguém notava? Eu notava! Cada vítima miserável dessas bestas que você apoiava notava! Até hoje, não posso ver uma sem estremecer. E você estava lá, sentado, tranquilamente, e não notava? Mas onde é que você pensava que estava? Numa inocente reunião de acadêmicos, posando para o anuário da sociedade filosófica? Cada pessoa, naquela foto, era, potencialmente, um homicida! E você também!

MARTIN não pode se conter e lhe dá uma violenta bofetada.

MARTIN   Não diga isso!

HANNAH cobre o rosto com a mão. Um fio de sangue lhe escorre pelo lábio. MARTIN olha horrorizado.

MARTIN   Desculpe, me desculpe! Não sei como pude fazer uma coisa dessas.

MARTIN tenta lhe oferecer um lenço, mas HANNAH o recusa.

Tira um lenço de sua bolsa e limpa o sangue.

MARTIN   Perdão. Não sei o que me aconteceu. De repente, perdi o controle. Não estou bem. Ando muito alterado. Perdão. Por favor, me perdoe...

MARTIN levanta-se, envergonhado. Pega seu gorro. Começa a caminhar depressa em direção à porta. HANNAH se levanta e corre atrás dele.

HANNAH	Martin! Espere!
	MARTIN se detém.
HANNAH	Não vá...
MARTIN	Tudo isso foi um erro. Eu não devia ter vindo. Pensei... imaginei que... compreenderia... Mas foi um erro, um erro absurdo...
HANNAH	Fique...
MARTIN	Eu me sinto muito envergonhado...
HANNAH	Sei que se você for, eu nunca mais vou vê-lo... E não posso tolerar isto. Não vou poder viver, se o perco...
MARTIN	*(Sem se virar.)* Nunca fui um nazista.
HANNAH	Já não tem importância. Por favor, fique...
	HANNAH dá uns passos em direção a ele.
MARTIN	*(Sem olhar para ela.)* Se você quer saber, eu também estive à beira do suicídio. Nunca contei isso a ninguém... Foi na época em que estava sendo julgado pelo Tribunal de Desnazificação. Os que me julgavam eram cinco ex-professores da universidade. Como haviam participado do complô contra Hitler, se consideravam moralmente capacitados a me interrogar... O processo durou meses. Nunca puderam provar nada, além do fato de que aceitei ser reitor da universidade e de que consenti tomar algumas medidas que, de qualquer modo, eu não poderia evitar. Mas eles dissecavam cada documento e cada palavra, distorciam minhas intenções e meus atos. *(Voltando-se para ela.)* Muitas vezes me senti tentado a confessar tudo o que eles desejavam escutar, para terminar de vez com toda aquela farsa, mas a lembrança de Elfrid e dos meus filhos, pensar na humilhação a que seriam submetidos, me impedia... Até o dia em que chegou a carta de Jaspers... Eu mesmo sugeri a eles que lhe

escrevessem. Jaspers tinha a autoridade moral que eles não tinham, ou pelo menos era isso que eu pensava. Estava seguro de que me defenderia. Como não podia fazer isso? Além do mais, era meu amigo... Mas me enganei. Jaspers não me defendeu... Respondeu que eu era uma pessoa que não tinha "consciência da verdade", que meu pensamento era "essencialmente autoritário" e, portanto, recomendava que me negassem a aposentadoria e me proibissem de ensinar. Quando me deram para ler o que havia escrito, senti que alguma coisa se partia dentro de mim. Foi uma sensação quase imperceptível, como o som produzido por um galho, quando se quebra, mas reconheci de imediato: era o desejo de viver que havia me abandonado. Quando voltei para casa, depois desta sessão, ela estava vazia. Pus meus papéis em ordem, bebi um copo de conhaque, peguei um revólver que guardava a sete chaves em minha escrivaninha e me fechei no escritório... Elfrid chegou nesse momento e se alarmou ao encontrar a porta do estúdio fechada à chave. Andava me observando já há algum tempo e estava muito preocupada. Começou a gritar e a bater na porta com tal violência, que me impediu de seguir em frente. Quando, finalmente, eu abri e ela viu o revólver sobre a mesa, compreendeu tudo... Com a ajuda do arcebispo de Messkirch, que havia sido meu orientador na juventude, me internaram num sanatório. Passei ali várias semanas em depressão profunda, não desejando outra coisa senão a morte, até que um belo dia despertei e descobri que a nuvem escura começava a se dissipar... Os médicos me acharam suficientemente reanimado e me deram alta... No final das contas, foi uma experiência muito reveladora... A vida, em si mesma, carece de todo propósito... Só o amor é capaz de conferir razão à existência... Talvez por isto eu tenha respondido ao seu chamado...

HANNAH	*(Abraçando-o.)* Nunca deixei de te amar. Não saberia como fazê-lo. Mesmo quando o olhava naquela fotografia infame, meu coração vibrava por você.
	MARTIN se agarra a ela.
MARTIN	Hannah... você tem que me ajudar... Só você pode fazer isso.
HANNAH	Como é que eu posso ajudá-lo?
MARTIN	Tem que convencê-los.
HANNAH	Convencer quem?
MARTIN	O mundo. Tem que convencer o mundo.
HANNAH	Como é que eu posso convencer o mundo?
MARTIN	Você pode fazer isso, Hannah. Você é uma celebridade, todos a respeitam. Você tem que explicar a eles que eu não fui um nazista. O que é que eu entendo de política? Não entendo nada! Todos aqueles ambiciosos oportunistas de uniforme... Ignorantes! Você não pode imaginar como eram ignorantes... Você tinha que vê-los comer! Porcos! Pareciam porcos! Mas lhe davam ordens e você tinha que cumprir... Sempre com o revólver na cintura; sempre prontos pra sacar... Que outra coisa eu podia fazer? Não pretendo ter sido um homem valente. Meu mundo é outro, você sabe... É o mundo do pensamento, da reflexão. Eles se aproveitaram de mim. Você mesma disse. Eu estava tão cego ante a perspectiva de contribuir para criar uma nova Alemanha, que não percebi o jogo deles. E quando percebi, me afastei, você sabe. Refugiei--me em Todtnauberg. Você já sabe como é aquilo lá. Um pequeno paraíso... A água correndo pelas calhas e o vento cantando entre as árvores. Dediquei--me, então, a fazer o que sempre fiz: pensar e escrever... Desliguei-me de tudo... Submergi mais uma vez no mundo das ideias... Não tinha meios de saber o que

	estava se passando... A imprensa não escrevia nada e aqueles que estavam em posição de saber cuidavam de não abrir a boca... Como é que eu podia me inteirar daquilo?... *(Pausa.)* Você acredita em mim, não é? Por favor, diga que acredita em mim...
HANNAH	Acredito.
MARTIN	Lembra da história de Thales e da menina camponesa da Trácia? Thales estava tão absorvido em ver as estrelas no céu, que não percebeu o poço d'água e caiu nele. E a camponesa começou a rir e se divertir com o fato de que alguém que pretendia entender o céu fosse tão ignorante quanto àquilo que se achava sob seus pés. Elfrid diz que eu sou assim, às vezes, voo tão alto que me esqueço de como se vive na terra.
HANNAH	Elfrid tem razão.
MARTIN	Você tem que conhecer Elfrid, Hannah. É absolutamente necessário. Ela foi muito generosa. Elfrid é uma mulher muito simples. Ama as coisas simples. Mas tem uma extraordinária intuição. Não conversamos muito, mas o pouco que nos dizemos é o suficiente para que um compreenda o outro. Ontem, quando confessei a ela o que foi a nossa relação, não fez mais que me olhar. Percebi que seus olhos se enchiam de lágrimas, mas entendi que não chorava pela súbita revelação da minha paixão amorosa... Chorava pela traição do meu silêncio. Elfrid não teria interferido em nossa relação, hoje eu sei disso, porque era capaz de intuir o quanto era importante para mim e a felicidade que me proporcionava. Tudo quanto desejava era se despojar da bruma de falsidade que nos envolvia. Mas, uma vez que a confiança se restabeleceu, foi como se ambos tivéssemos nos livrado de uma carga angustiante. Foi ela quem expressou o desejo de encontrá-la, eu lhe asseguro... Você virá?
HANNAH	*(Decidida.)* Vou.

MARTIN	Ela ficará muito feliz, você vai ver. E estou certo de que você também vai gostar de conhecê-la. Ah! Agora me sinto tão mais animado. Graças a você... Minha pequena Hannah... *(Beija-lhe as mãos.)* Sempre será para mim a pequena Hannah... A que um dia apareceu em meu gabinete com uma capa de chuva enorme e um chapéu ridículo... Guardo todas as fotos que me mandou e os poemas que me escrevia. Ninguém nunca me amou tanto... *(Acaricia-lhe o rosto. Consulta o relógio.)* Agora tenho que ir, embora quisesse não ter que ir nunca... *(Abraça-a, desajeitadamente.)* Falarei com Elfrid. Vou te deixar uma mensagem no hotel... *(Dá alguns passos e se volta.)* Fico muito feliz por ter vindo...
HANNAH	Eu também.
MARTIN	Que importa onde você esteja, ou eu? Somos um único mundo, você e eu, Hannah Arendt.

MARTIN sorri. Sai. HANNAH o vê partir por alguns segundos e logo volta para a sua mesa. Entorna o resto de sua cerveja no copo e bebe. De fora chega o som de uma banda de música típica alemã. HANNAH pega uma folha de papel e começa a escrever. A luz desce, iluminando somente a esfera dentro da qual HANNAH se encontra.

HANNAH	*(Lê enquanto escreve)* "Querido Martin: Desconfio que estive escrevendo esta carta, sem sabê-lo, desde que subi no trem para Freiburg. Meu coração a escrevia, ainda que a minha razão o ignorasse. Esta tarde, quando me sentei toda nervosa na cafeteria para esperá-lo, nem sequer estava certa de que você viria. Por um momento, desejei fervorosamente que você não o fizesse. Rezei para que o meu bilhete não tivesse chegado a tempo, ou que você o tivesse descartado sem abri-lo. Aterrorizava-me a ideia de confrontar a imagem que guardava de você, em minha memória, com a realidade do homem em que você havia se convertido. Mas quando o garçom pronunciou

seu nome e o vi chegar pelo corredor, foi como se o tempo tivesse parado. E, naquele instante, tomei consciência de uma coisa que antes não teria confessado nem a mim mesma, nem a ninguém. É que o impulso de mandar aquele bilhete, convidando-o a se encontrar comigo, me salvou de cometer o único ato de infidelidade realmente imperdoável e atroz de toda a minha vida. Mas uma coisa você deve saber: se não o fizesse, não teria sido por nenhuma outra razão, senão por orgulho, por mera estupidez. Como você disse, antes de partir, só o amor é capaz de conferir razão à existência, e em todos estes anos, desde aquela tarde de chuva em que apareci em seu gabinete, passando por nossos encontros furtivos e meu exílio, meu amor por você foi a única razão da minha existência. Não posso ignorar as debilidades de caráter que o levaram a trocar o silencioso mundo do pensamento pela vergonhosa promessa do nazismo, mas não encontro dentro de mim nem a força, nem a vocação para julgá-lo. O amor, querido Martin, agora o sei, é amoral.

Tua para sempre,

Hannah

As luzes vão baixando e desaparecendo.

Bibliografia

Hannah Arendt – Martin Heidegger, by Elzbieta Ettinger, Yale University Press. New Haven and London.

Letters (1925-1975) Hannah Arendt & Martin Heidegger, edited by Ursula Lutz, translated from the German by Andrew Shields. Harcourt, Inc. New York.

Heidegger and Nazism, by Victor Farías. Temple University Press, Philadelphia.

The Origins of Totalitarism, by Hannah Arendt. Harcort, Inc. New York.

Being and Time, by Martin Heidegger. HarpeOne, New York.

Heidegger's Being and Time, by William Blattner. Continuam. New York and London.

Martin Heidegger: Between Good and Evil, by Rüdiger Safranski and Ewald Osers. Harvard University Press, Boston.

Eichmann in Jerusalem: A Report on the Banality of Evil, by Hannah Arendt. Penguin Classics. London.

Three Women in Dark Times: Edith Stein, Hannah Arendt, Simone Weil, by Sylvie Courtine-Denamy and G. M. Goshgarian, Cornell University Press.

Hannah Arendt: For Love of the World, by Elisabeth Young-Bruehl. Yale University Press. New Haven and London.

Martin Heidegger and the Holocaust, by Alan Milchman and Alan Rosemberg. Atlantic Highlands, New Jersey.

Fontes dos Acadêmicos

Berel Lang
Dana Vila
Elzbieta Ettinger
Thomas Sheehan
Seyla Benhabib
Hans-Georg Gadamer
Georg Steiner
Thomas Bernhard
Simon Blackburn
Alex Steiner
Tom Rockmore
Richard Wolin
Richard Rorty
Emmanuel Faye
Mark Greif
Gershom Scholem
Jacques Derrida

EDITORAMOINHOS.COM.BR

Este livro foi composto Adobe Garamond Pro,
em papel pólen soft, em janeiro de 2019, para a Editora Moinhos,
enquanto *Victim of love*, de Charles Bradley,
tocava baixinho num dia nublado.